STENOGRAPHIE

DES COURS.

SEMESTRE D'ÉTÉ.

ANNÉE SCOLAIRE 1835—1836.

COURS

DE PHYSIQUE.

M. POUILLET, PROFESSEUR.

PREMIÈRE LEÇON.

26 mars 1836.

L'étude du galvanisme, du magnétisme, de l'électro-magnétisme, de l'optique et de l'acoustique, tel sera l'objet du cours de ce semestre. C'est à dessein que je rapproche ainsi l'acoustique et l'optique de la théorie du son et de la lumière ; car il y a entre ces deux parties de la science une

Nota. Nous croyons devoir rappeler à nos lecteurs que le cours que nous leur exposons aujourd'hui, est la suite d'un cours commencé dans le semestre d'hiver, et que par conséquent il se présentera souvent, parmi les faits que nous reproduirons, des théories appuyées sur des propositions antérieurement démontrées.

analogie extrêmement remarquable. Le son en effet n'est qu'un mouvement de vibration se communiquant dans l'eau ou dans l'air : et c'est en cela que la théorie du son diffère de la théorie de la chaleur, de la pesanteur, de l'électricité et du magnétisme.

La lumière n'est pas non plus autre chose qu'un mouvement de vibration : mais il existe une différence extrêmement sensible entre la lumière et le son; ou, pour parler en termes plus précis, entre le rayon sonore et le rayon lumineux. Tandis que le son se communique à la matière pondérable, le rayon lumineux au contraire se transmet dans une matière tout à fait différente, dans une matière impondérable, qui a reçu le nom particulier d'*Æther*. Cette différence résulte donc de celle qui existe entre les deux matières composant le monde.

Le savant professeur, après avoir rappelé à l'auditoire que le premier semestre du cours de physique s'est terminé par la démonstration de la théorie de l'électricité, annonce qu'il va continuer par la théorie du galvanisme.

Le *galvanisme* date de 1789. Il fut découvert par Galvani, professeur à Bologne. Le fait fondamental qui a donné naissance à cette découverte semble d'abord appartenir à la physiologie plutôt qu'à la physique. Commençons par énoncer les circonstances de ce fait fondamental, pour arriver ensuite aux faits qui en ont été la conséquence.

Si l'on prend une grenouille récemment dépouillée, et qu'après avoir fait passer entre les nerfs lombaires une des deux branches d'un arc métallique composé de deux métaux (de cuivre et de zinc par exemple); qu'après avoir ainsi fait passer entre les nerfs la branche de cuivre, on mette la branche de zinc en contact avec les muscles de la grenouille, aussitôt des convulsions très sensibles se manifesteront. Tel est le fait fondamental observé par Galvani. Maintenant que l'on prenne du fer et du cuivre, de l'or et de l'argent pour en former l'arc métallique; que l'on prenne enfin un arc métallique quelconque (pourvu qu'il soit fait de deux métaux), du moment où le contact indiqué plus haut aura lieu, une commotion se manifestera.

Ce fait qui, ainsi que nous l'avons dit, semble rentrer dans le domaine de la physiologie plutôt que dans celui de la physique; ce fait a cependant un caractère particulier. Il n'est pas comme les autres phénomènes qui ne se reproduisent pas à volonté: toutes les fois que les conditions ci-dessus énoncées seront remplies, le phénomène se manifestera : c'est un phénomène dont vous êtes le maître et que vous pouvez reproduire à volonté. Ce fait d'ailleurs, constaté d'abord sur une grenouille, l'a été avec le même succès sur plusieurs autres animaux.

Ce fait une fois découvert, Galvani en donna une explication qui fut bientôt contestée, contredite et démontrée fausse; mais qui offre cependant assez d'intérêt pour que nous l'exposions ici en peu de mots.

Galvani expliquait le phénomène observé par lui, en disant: il y a, dans tous les corps organisés, un fluide particulier contenu dans les muscles et dans les nerfs, ce fluide se conduit à peu près de même que le fluide électrique dans la bouteille de Leyde; et de même que quand dans la bouteille de Leyde on établit une communication entre le fluide intérieur et le fluide extérieur, l'électricité se décharge; de même aussi du moment que les muscles et les nerfs sont mis en communication, le fluide se décharge; et c'est cette décharge qui donne lieu aux convulsions observées sur les muscles de la grenouille. Telle est l'explication donnée par Galvani. Elle consiste à assimiler les corps organisés à une bouteille de Leyde, les nerfs à une armature, les muscles à l'autre, et l'arc métallique représente le corps conducteur qui, par le contact simultané avec les muscles et les nerfs, provoque la décharge du fluide.

Comme analogie, cette explication, donnée par Galvani, est remarquable; mais on ne se borna pas à présenter cette analogie; on fit une nécessité de cette théorie; on alla jusqu'à prétendre expliquer par là tous les phénomènes de la vie, en disant que les corps ne vivaient que parce qu'ils étaient analogues à une bouteille de Leyde. Toutefois, comme il n'était pas évident que ce fluide fût le même que le fluide électrique, on l'appela fluide *galvanique*, du nom de Galvani.

Voilà donc trois choses, un phénomène, une explication spécieuse de ce phénomène, et sa conséquence, c'est-à-dire qu'il existe un fluide organique dans les corps organisés. On contestait; on découvrait que ce fluide avait avec l'électricité cette analogie frappante, que tous les corps bons conducteurs de l'électricité éprouvent la commotion quand la communication était établie; tandis que les corps mauvais conducteurs ne donnent lieu à aucun phénomène. Mais cela ne suffisait pas encore pour démontrer qu'il n'existait pas en effet de fluide galvanique, et que ce n'était pas un phénomène vital. C'est Volta qui démontra que ce phénomène n'était autre chose qu'un phénomène électrique; mais qu'alors l'électricité agissait sous des lois nouvelles. Il faut maintenant démontrer comment Volta arriva à cette idée fondamentale. Car c'est véritablement cette explication du fait qui a été l'origine de la théorie de l'électricité galvanique et de l'électro-magnétisme, tandis que l'explication donnée par Galvani ne conduisait à rien.

Volta a dit : quand la communication a été établie entre les muscles et les nerfs par le moyen d'un seul métal, il arrive bien quelquefois qu'une commotion a lieu, mais elle est faible et incertaine. Comment donc se peut-il que l'hétérogénéité des métaux soit une condition nécessaire de la certitude de ce phénomène? C'est que la cause est dans les métaux et non dans les corps organisés, soumis au contact : elle est au contact des deux métaux; l'une des deux électricités se développe sur l'un, l'autre sur le second. Ce fait une fois posé, Volta en tira cette conséquence: le zinc contient l'électricité vitrée, le cuivre l'électricité résineuse; et quand on vient avec les deux branches métalliques toucher les muscles et les nerfs, la branche de zinc électrise les nerfs vitreusement, et le cuivre donne aux muscles de l'électricité résineuse, si bien que les deux électricités de noms contraires, se réunissant par la transmission, il en résulte une commotion analogue à celle qui se produit avec la bouteille de Leyde. Telle est l'explication que Volta donna du phénomène découvert par Galvani.

Ici, M. le professeur répète l'expérience sur la grenouille, puis il explique comment, à l'aide du condensateur, Volta parvint à s'assurer que les deux métaux contenaient véritablement l'un de l'électricité vitrée, l'autre de l'électricité résineuse, et que ces deux électricités se développaient non par le frottement, mais au simple contact des deux métaux. Et cette cause générale qui développe ainsi l'électricité au contact des deux corps, Volta l'a appelée *force électro-motrice*.

« Il y a, a-t-il dit, une force électro-motrice qui se manifeste au contact de deux corps hétérogènes. »

Mais rendons cette proposition générale féconde en résultats, en remarquant que cette force électro-motrice persiste à agir, bien que le contact ait lieu depuis long-temps.

Si cette proposition est vraie, nous devrons en tirer pour conséquence que cette force pourra se multiplier et produire des phénomènes plus énergiques que les batteries électriques les plus puissantes. Nous arrivons ainsi à l'exposé de la plus admirable des conceptions de Volta.

(Il nous est ici de toute impossibilité de reproduire autrement que par l'analyse, les développemens qui amènent M. Pouillet à la théorie de la pile de Volta; on concevra sans peine que le professeur, démontrant et parlant sur les instrumens de physique eux-mêmes, une démonstration aussi complète nous est interdite, et que nous devrons nous borner dans les dernières pages de cette leçon à présenter le résumé rapide des faits résultant des diverses expériences faites devant son auditoire par le savant professeur.)

Si l'on met en contact une plaque de cuivre et une plaque de zinc, d'après la proposition ci-dessus énoncée, la force électro-motrice agira et devra produire une étincelle: si elle n'en produit pas une que l'œil puisse apercevoir, il n'en faudra pas conclure que la proposition est fausse, mais que la force électro-motrice est limitée dans son action ; et il est bon d'établir, dès à présent, que cette limite varie suivant la nature des corps, et qu'elle est différente selon les qualités des corps hétérogènes employés dans l'expérience; ainsi les métaux, étant très bon conducteurs de l'électricité, sont aussi très bons électro-moteurs; tandisque les corps non métalliques, tels que le bois, le papier, sont de très mauvais électro-moteurs.

Il est donc établi d'abord que la force électromotrice est limitée dans son action.

Un deuxième caractère, qu'il n'importe pas moins d'établir, c'est que la force électro-motrice empêche la réunion des deux fluides électriques, et qu'elle est ainsi limitée par elle-même.

Enfin un troisième caractère de la force électro-motrice, c'est qu'elle est permanente et instantanée ; c'est-à-dire que lorsque sa force électromotrice a produit son effet, elle développe toujours l'électricité dans les deux corps hétérogènes mis en contact, en égale quantité, et qu'elle est toujours en état d'en reproduire.

Ces principes posés, il sera plus aisé d'exposer maintenant le moyen par lequel Volta est parvenu à multiplier la force électro-motrice, c'est-à-dire la construction d'un instrument, nommé *pile de Volta* du nom de son inventeur.

Voici de quelle manière se monte cette pile : on prend un disque de cuivre et un de zinc soudés sur l'épaisseur (supposons que le disque de cuivre est placé en bas) : et ce système de deux disques constitue ce qu'on appelle un *élément* ou plutôt encore une *paire* de la pile de Volta. C'est de la réunion de plusieurs paires ou éléments que se compose la pile. On se sert encore d'une rondelle de papier mouillé ou de drap : pour donner encore plus d'énergie à la force électro-motrice, on mouille cette rondelle avec de l'eau acidulée. Maintenant c'est à l'aide de ces disques et de cette rondelle que se monte la pile. Voyons maintenant de quelle manière la force électromotrice va se multiplier.

Imaginons que nous avons placé le système de

disques sur un plateau de verre, un isoloir, et, qu'en même temps nous mettions, par le moyen d'un fil, le disque de cuivre en contact avec le sol ou que nous le plongions dans l'eau. Examinons l'état de l'élément dans cette position : par la force électro-motrice, le disque de zinc se trouvera chargé d'électricité vitrée, et le disque de cuivre se chargera d'une quantité égale d'électricité résineuse; et par la mise en communication du disque de cuivre avec le sol, l'électricité résineuse passera dans le sol; le zinc au contraire, n'étant pas dans cette condition de communication, gardera toute sa charge d'électricité vitrée, tandis que le cuivre se trouvera dans son état naturel.

Maintenant, que l'on mette sur le disque de zinc une rondelle humide, qu'arrivera-t-il? Ce corps hétérogène, mauvais électro-moteur, va se charger, comme le zinc, d'électricité vitrée; mais alors le disque de zinc, qui vient de passer son électricité à la rondelle humide, en aura-t-il moins lui-même? Eh bien! non; car, d'après le principe établi plus haut, la force électro-motrice est permanente et instantanée, c'est-à-dire, qu'aussitôt que le disque de zinc aura transmis à la rondelle humide la quantité d'électricité vitrée dont il se trouvait chargé avant le contact avec ce corps naturel, à l'instant même la force électromotrice permanente le rechargera d'une quantité égale : ainsi, si l'on veut exprimer par + 1 la quantité d'électricité vitrée dont se trouvait primitivement chargé le disque de zinc, après la transmission, il aura toujours + 1.

Imaginez maintenant que sur cette rondelle humide nous plaçions une deuxième *paire*, un deuxième élément, c'est-à-dire un deuxième cuivre et un deuxième zinc. Quel est le phénomène qui se manifestera?

Faisons pour un moment abstraction complète de l'action de la force électro-motrice sur ce deuxième élément, et ne l'examinons que relativement à celui qui vient d'agir sur la rondelle humide, qu'arrivera-t-il? Le disque de cuivre, mis en contact avec la rondelle humide, lui prendra l'électricité que lui a transmise le premier élément; la rondelle humide se rechargera à son tour par son contact avec le premier disque de zinc, et ce disque lui-même reprendra sa première quantité d'électricité par la force électro-motrice permanente. De telle sorte que s'il n'y avait pas pour le second élément une force électro-motrice, le disque de cuivre se trouverait chargé d'une quantité + 1.

Mais faisons agir cette force électro-motrice; qu'arrivera-t-il au contact du deuxième élément avec la rondelle humide? Par la force électro-motrice, le disque de cuivre prendra au disque de zinc son électricité résineuse, et lui transmettra son électricité vitrée, et il se passera pour le second élément ce que nous avons vu pour le premier, c'est-à-dire, que l'électricité résineuse du deuxième disque de cuivre se transmettant à la rondelle humide, puis au premier zinc, puis au premier cuivre, puis au sol par le moyen du fil conducteur, le disque de zinc contiendra,

1° la quantité + 1 d'électricité vitrée produit par sa propre force électro-motrice, et, en outre, la quantité + 1 d'électricité vitrée qui lui aura été transmise par la première paire : elle aura donc + 2 d'électricité vitrée. Supposez maintenant ainsi 3, 4, 10 ou 50 élémens superposés, et vous aurez proportionnellement, pour résultat au disque supérieur, + 3, + 4, + 10 ou + 50 d'électricité vitrée, c'est-à-dire, que l'élément de zinc supérieur aura une quantité d'électricité cinquante fois plus forte que celle contenue au premier élément; et si le premier élément ne permettait pas d'apercevoir la tension électrique, il est facile de concevoir que par la multiplication d'énergie, opérée par la construction de la pile, la manifestation pourra en devenir sensible.

Maintenant, il est aisé de comprendre qu'en faisant cesser la communication entre le disque de cuivre du premier élément et le sol, la multiplication qui s'est opérée pour l'électricité vitrée dans le disque de zinc supérieur s'opérera relativement à l'électricité résineuse dans le disque de cuivre inférieur, et qu'en mettant en communication ces deux élémens chargés d'électricités opposées, onobtiendra une étincelle permanente.

M. Pouillet termine sa leçon en faisant, devant son auditoire, l'expérience des effets admirables de la pile de Volta, qui, perfectionnée dans sa construction, produit une assez puissante quantité d'électricité pour rougir un fil de platine.

DEUXIÈME LEÇON.

9 avril 1836.

Nous avons vu dans la dernière leçon que si l'on établit une communication entre les muscles et les nerfs, au moyen de métaux différens, il y a commotion ; et nous avons vu comment Galvani, qui fit le premier cette remarque, voulut expliquer le fait, en admettant que les nerfs et les muscles pouvaient être considérés comme deux corps électrisés de manière différente ; et qu'il devait par conséquent y avoir décharge ou commotion au moment où l'on mettrait ces deux corps en communication, au moyen d'arcs métalliques.

Volta ne put admettre cette explication ; il prétendit, au contraire, que la cause du phénomène ne résidait point dans le corps organisé, mais bien dans le contact des deux métaux hétérogènes ; et que, dans le cas de l'expérience, telle que Galvani l'avait faite, l'électricité vitrée passait dans les nerfs, et l'électricité résineuse dans les muscles. A l'appui de son opinion, il construisit un appareil formé de deux disques, l'un de zinc, l'autre de cuivre, qu'il mit en contact ; et au moyen du condensateur qu'il avait déjà inventé, il constata à l'électroscope des quantités notables d'électricité ; et quelle que fût d'ailleurs la cause qui produisait un développement d'électricité au contact de deux métaux, il l'appela *force électromotrice*.

Cette force électromotrice existe toutes les fois qu'il y a contact entre deux corps hétérogènes, bien qu'avec des intensités différentes, selon les différentes espèces de corps mis en contact; et c'est un point qu'il était important de rappeler avant de décrire la construction de la pile.

Pour construire la pile, il faut prendre deux corps bons électromoteurs, et un troisième qui ne jouisse de cette propriété qu'à un très faible degré, en ayant soin en outre que ce dernier corps soit bon conducteur de l'électricité : le zinc et le cuivre rempliront le premier but que l'on se propose; une étoffe, du drap, par exemple, chargé d'une eau légèrement acidulée, remplira le second.

Cela posé, prenez une plaque en cuivre sur laquelle vous poserez une plaque en zinc, et sur le tout un morceau d'étoffe imbibé. Sur cette étoffe, placez un second système entièrement semblable, et ainsi de suite, en plaçant les unes au-dessus des autres, autant de paires que l'on voudra : la pile étant ainsi construite, on observe :

1° Que la tension électrique développée à la surface supérieure zinc de la pile, est proportionnelle au nombre des paires employées dans la construction : on se sert, pour vérifier cette règle, du condensateur que l'on applique à la portion supérieure zinc, tandis que la portion inférieure cuivre est en communication avec le sol:

c'est d'ailleurs un résultat que l'on devait prévoir, en partant du principe de Volta; car si nous considérons d'abord deux paires, l'équilibre ne pourra y être établi qu'autant que la différence entre la tension du disque inférieur de cuivre, et celle du disque supérieur de zinc sera égale au double de la force électromotrice. Si on ajoute une troisième paire, la différence entre les tensions supérieure et inférieure de cette pile, sera égale à trois fois la force électromotrice, et ainsi de suite. Si donc on a une pile composée de cent paires, la tension du cuivre inférieur sera *zèro*, puisque ce disque est en contact avec le sol, tandis que la tension du zinc supérieur, sera marquée par *cent*. Quelle que soit la faiblesse primitive de la force électromotrice, on voit qu'il sera facile de produire de grands effets en multipliant convenablement le nombre des paires; nous parlerons d'ailleurs plus bas des conditions de cette multiplication, suivant l'espèce différente des effets que l'on veut produire.

2° Non seulement le sommet zinc ou positif de la pile se charge d'une quantité d'électricité proportionnelle au nombre des paires employées dans la construction, mais encore ce sommet est une source inépuisable et constante d'électricité: le résultat est facile à constater, car si on met en contact avec le sol la partie supérieure zinc de la pile, et qu'après avoir rompu cette communication, on détermine la tension électrique de cette extrémité supérieure au moyen d'un électroscope, on trouvera qu'elle est constamment la même ; quel que soit d'ailleurs le nombre de fois que l'on aura répété l'expérience et l'intervalle de temps que l'on aura mis entre chacune d'elles : ce fait constant bien établi, passons à son explication, et d'abord, pour plus de simplicité, supposons la pile composée seulement de deux paires séparées entre elles par un disque mouillé ; dans cet appareil, la charge du premier cuivre en communication avec le sol est *zéro*, celle du premier zinc appartenant à la même paire est *un*, celle de la rondelle humide et du second cuivre est 1 ; enfin celle du second zinc ou zinc supérieur est 2. Détruisons actuellement la tension électrique du 2e zinc, l'équilibre n'existera plus entre le 2e zinc et le 2e cuivre, mais la force électromotrice permanente résidant au contact de ces deux surfaces réparera instantanément cette perte en faisant passer la quantité complémentaire d'électricité positive à la surface supérieure et refoulant une pareille quantité d'électricité négative dans la portion inférieure de l'appareil ; ensorte, qu'il se perdra toujours dans le sol une quantité d'électricité négative égale à la quantité d'électricité positive qui se sera portée à la surface supérieure du cuivre ; et cette quantité sera d'autant plus grande que la portion supérieure aura plus long-temps été mis en contact avec le sol : si, au lieu de supposer la pile formée de deux paires seulement, on la suppose formée d'un plus grand nombre de paires, l'explication du phénomène sera la même, le disque de cuivre de chaque paire tendra à se mettre en équilibre avec le disque de zinc de la paire inférieure; la différence entre les tensions du cuivre et du zinc d'une même paire étant toujours 1, et la quantité d'électricité négative ou résineuse refoulée vers la base étant toujours égale à la quantité d'électricité positive ou vitrée qui se sera portée à la partie supérieure zinc de la pile.

L'on voit donc d'après cela que si l'on met en communication continue les deux extrémités de la pile avec le sol, cette pile ne restera pas en repos; il y aura décomposition continuelle indispensable pour la tendance au rétablissement de l'équilibre, et des quantités égales d'électricité positive et négative s'écouleront par les deux fils conducteurs de la pile dans le sol, où elles se recombineront pour former de l'électricité neutre; et si les extrémités de ces fils sont rapprochées à une distance convenable, cette tendance à la recomposition qui existe entre les deux fluides contraires produira l'étincelle électrique.

Nous avons donc considéré successivement les phénomènes qui pouvaient se présenter lorsque la pile était en communication avec le sol par l'une de ses extrémités : voyons actuellement ce qui doit se passer lorsqu'elle est complètement isolée.

Supposons une pile composée de cent paires, l'électricité se trouvera distribuée de la manière suivante ; au milieu elle sera nulle ou *zéro* : à l'extrémité supérieure ou zinc, elle sera + 50 et à l'extrémité inférieure — 50; les quantités intermédiaires d'électricité étant d'ailleurs proportionnelles au nombre des paires à compter du point milieu; ainsi la cinquième paire inférieure au dessous du *zéro* aura une électricité marquée par — 5 ; cette électricité serait + 5, si la paire dont il s'agit était située à la même distance, mais au dessus du *zéro*.

Pour rendre compte de ce phénomène, reportons-nous à la pile précédente qui était en communication avec le sol, dont la partie inférieure avait une charge *zéro*, et la partie supérieure une charge + cent ; fesons cesser la communication qui existe entre la partie inférieure et le sol, et enlevons à la partie supérieure une portion de son électricité au moyen du condensateur : il est évident que dans ce cas le sommet de la pile ne peut plus être une source constante d'électricité, puisque l'électricité négative développée dans la reproduction et refoulée dans le sol dans le premier cas ne peut plus s'y rendre dans le second cas, puisqu'il y a isolement ; cette quantité d'électricité résineuse viendra s'accumuler dans la base inférieure de la pile jusqu'à ce qu'il y ait une différence constante et égale à 1 entre le zinc et le cuivre de chaque paire ; cet état aura lieu lorsque les extrémités supérieure et inférieure seront respectivement + 50 et — 50.

Si on laisse une pile à l'air libre et placée sur un isoloir, l'état que nous venons d'annoncer tendra à s'établir et s'établira en effet, bien que, comme nous l'avions supposé, l'observateur n'enlève pas d'électricité positive à la partie supérieure de la pile; ici le milieu ambiant, l'air, jouera le rôle du condensateur.

Nous avons donc considéré les deux circonstances dans lesquelles la pile peut se présenter: c'est-à-dire en communication avec le sol ou isolée.

Lorsque l'on établit communication entre les extrémités de la pile au moyen de fils conducteurs, si ces fils jouissent à un haut degré de la propriété de conduire l'électricité, on ne pourra, au moyen du condensateur, en constater aucune quantité; mais si les fils étaient mauvais ou médiocres conducteurs, on pourrait encore en constater de notables parties : cette remarque se fera fort bien, par exemple, si l'on se sert de fils de platine; l'on conçoit que l'on puisse ainsi, suivant la plus ou moins grande conductibilité des fils, faire passer les extrémités de la pile par tous les états de tension depuis zéro jusqu'au maximun :

Nous distinguerons deux espèces d'électricité ou mieux deux différens états de l'électricité suivant les circonstances dans lesquelles se trouve la pile; l'électricité *statique* et l'électricité *dynamique;* ces deux états pouvant d'ailleurs exister simultanément dans la pile lorsque les conducteurs employés sont imparfaits.

C'est ici qu'il convient d'expliquer de quelle manière à l'avenir nous entendons ce que l'on appelle courant électrique : il y a deux manières de l'expliquer, analogues aux deux hypothèses qui expliquent la transmission de la chaleur et celle de la lumière; dans la première, celle de l'émission, on regarde l'électricité comme une matière impondérable, très subtile, lancée d'un corps à un autre avec une vitesse immense, et conséquemment impossible à mesurer; de là le nom de *courant* à la manière dont se propage l'électricité; dans la seconde hypothèse, celle des ondulations ou des ondes, on imaginera, dans tous les corps électriques, des mouvemens oscillatoires, dont l'amplitude devra être très petite et le nombre des oscillations très grand; ces mouvemens se transmettraient même dans le vide, au moyen d'un milieu que l'on appelle éther, qui lui-même communiquerait ces mouvemens vibratoires à tous les corps; en sorte que l'électricité se propagerait, dans cette dernière hypothèse, par des vibrations semblables à celles qui existent dans la propagation du son : c'est cette seconde explication des phénomènes que nous adopterons pour la transmission de l'électricité : nous aurons d'ailleurs occasion d'y revenir avec plus d'insistance dans la suite de notre cours ; on conviendra, du reste, quelle que soit l'hypothèse que l'on admette, que le courant électrique a toujours lieu du pôle positif au pôle négatif.

Effets de la pile.

Nous distinguerons quatre espèces différentes dans les phénomènes produits par la pile :

1° Les effets physiques ;

2° Les effets chimiques ;

3° Les effets physiologiques;
4° Enfin les effets mécaniques.

Effets physiques de la pile.

Si l'on prend un fil d'une épaisseur et d'une longueur convenables, qui réunisse les deux extrémités de la pile, il y aura incandescence et volatilisation lorsque le métal ne sera point oxidable; c'est ce qui arrive avec un fil d'or, d'argent, de platine; mais si le corps est facilement oxidable, comme le fer, par exemple, il y aura fusion: l'on conçoit quelle haute température doit ainsi développer la communication établie entre les deux pôles: on a aussi essayé de fondre le charbon au moyen de la pile, et par conséquent de le transformer en diamant; on a cru remarquer après l'opération une espèce de fusion près des angles de la cassure, mais il est encore permis de douter du résultat de cette expérience et nous ne nous y arrêterons point; ce qu'il y a de certain, c'est que la température est assez élevée pour donner au charbon un incandescence vraiment extraordinaire lorsque l'expérience se fait dans le vide.

L'on prend un matras en verre, par les extrémités duquel entrent à frottement deux tiges métalliques qui supportent deux petits cônes en charbon, éteints dans le mercure: on rapproche ces petits cônes jusqu'au contact; mettant ensuite les deux tiges en communication avec les extrémités de la pile, si le vide a été parfaitement fait dans le matras en verre, une vive lumière apparaîtra au point de contact; si le vide n'a été fait qu'imparfaitement, il y aura préalablement combustion jusqu'à ce que l'oxigène de l'air restant ait été brûlé.

Quant aux effets remarquables des courans électriques constaté par Œrstedt sur les aimans, nous ne pouvons ici que les indiquer : ils constituent à eux seuls une branche fort importante de la physique connue sous le nom d'électro-magnétisme.

Lorsque l'on fait la série d'expérience que nous avons indiquée ci-dessus avec des piles différentes, soit par le nombre de leurs couples, soit par les dimensions de ces couples, on remarque des différences notables dans l'intensité des résultats obtenus : on remarquera, par exemple, que l'incandescence d'un fil métallique sera plus tranchée avec une pile composée d'élémens plus grands bien qu'en nombre moindre, tandis qu'une pile à petits élémens, en plus grand nombre, sera plus favorable lorsque l'on voudra produire le phénomène lumineux, que l'on observe en mettant en contact deux morceaux de charbon communiquant aux extrémités des fils conducteurs de la pile : en sorte que des phénomènes qui sont produits par une même cause, l'élévation de température, paraissent demander des conditions différentes dans l'appareil qui les produit : étudions donc séparément les différens élémens qui peuvent constituer ce que l'on appelle la force ou l'énergie de la pile.

Nous devons considérer :

1° La force de production,

2° La force de propagation,

3° La force de tension.

La *force de production* dépend uniquement de la force électromotrice, c'est-à-dire de l'énergie de l'action réciproque des corps que l'on met en contact ; il est donc indispensable, dans la construction de la machine, de choisir les corps où cette force existe davantage ; le cuivre et le zinc, par exemple, jouissent à un haut degré de la propriété de développer l'électricité, lorsqu'on les met en contact : on devra donc les choisir de préférence.

La force de *propagation* dépend de la nature et aussi de la dimension du corps conducteur interposé entre les différentes paires de la pile : l'eau n'est pas assez bon conducteur ; on prend habituellement de l'eau dans laquelle on met un seizième d'acide sulfurique, et un vingtième d'acide nitrique : cette proportion paraît convenable, car il faut en outre éviter que les paires soient attaquées trop fortement par les acides employés.

Enfin, la force de *tension* dépend uniquement, comme nous l'avons éprouvé et démontré, du nombre des paires que l'on emploie dans la construction de la pile, et elle est proportionnelle à ce nombre ; d'après cela il est évident que la dimension des élémens employés ne saurait avoir d'effet sur la force de tension ; c'est ce qu'il est facile de vérifier en construisant deux piles avec des élémens de même nature, mais qui soient dans l'une de un centimètre carré, tandis que ceux de l'autre seront de un décimètre ; au moyen du condensateur à taffetas, on vérifiera que les pôles ont la même tension électrique.

Il arrive cependant que deux piles, ainsi différentes par les dimensions de leurs élémens, produisent des effets très différens ; cela tient non pas à une différence dans les tensions, puisqu'elles restent les mêmes, mais bien à une différence dans les quantités d'électricité développées : or, certains phénomènes demandent que la quantité d'électricité soit grande, sans que la tension soit considérable : de là, les différentes espèces de piles, suivant les phénomènes que l'on voudra produire.

La *pile à colonne* : il suffit de la voir pour comprendre de suite sa construction. Nous dirons seulement que l'on a construit de ces piles qui ont jusqu'à 2,000 paires.

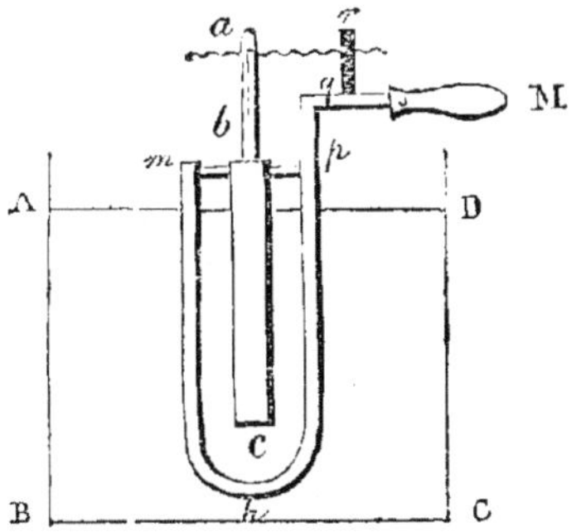

La *pile d'une seule paire* : *ab* est un morceau de cuivre soudé en *b* à un morceau *bc* de zinc :

m n p q est une lame recourbée en cuivre, joignant *M* par un support *qs* en cuivre, et sur lequel est placée une tige *qr*, aussi en cuivre. On plonge le tout dans une auge A B C D remplie d'eau acidulée : l'électricité développée au point *b* de contact entre les deux métaux s'échappe par toute la surface *bc*, traverse le liquide, et le porte sur la lame recourbée, en sorte que cette plaque de cuivre se trouve chargée d'électricité positive, et si l'on établit un fil de platine entre *a* et *r*, il ne tardera pas à être en ignition.

La *pile de Wollaston* est composée d'une suite de paires semblables à celles que nous venons de décrire, communiquant entre elles, et liées par une même traverse de bois, en sorte qu'il est facile de plonger dans l'eau acidulée et de l'en retirer, l'appareil entier ainsi construit.

La *pile en hélice :* elle s'obtient en enroulant sur un cylindre en bois deux lames de cuivre et de zinc, séparées par des bandes de drap, de distance en distance, de manière que le contact ne puisse s'établir entre les deux lames : deux appendices en cuivre sont ajoutés aux extrémités de ces lames, qui peuvent, du reste, avoir telle longueur qu'on voudra leur donner ; lorsque l'on veut se servir de cette pile, on la plonge dans un vase rempli d'eau acidulée. Il est, d'ailleurs, facile de construire une pile formée de plusieurs élémens pareils à celui que nous venons de décrire ; cet appareil s'emploiera dans le cas où l'on aura besoin d'une grande quantité d'électricité, sans avoir besoin d'une grande tension.

TROISIÈME LEÇON.

12 avril 1836.

Dans la dernière séance nous avons successivement considéré la pile dans les trois circonstances où elle peut se présenter : lorsqu'il y a communication entre l'un de ses pôles et le sol, l'autre pôle étant isolé; lorsque ces deux extrémités sont isolées; enfin lorsque l'on a établi entre les deux pôles de l'appareil un circuit conducteur, et nous avons remarqué que, dans ce dernier cas, quelle que fût la longueur des fils à parcourir, il s'établissait toujours une communication au moyen de ce que nous avons désigné sous le nom de courant électrique. Nous reviendrons plus tard sur les propriétés très remarquables de ces courans et sur les phénomènes auxquels ils peuvent donner lieu; contentons-nous pour le moment de rappeler que les intensités de ce courant sont extrêmement variables; qu'elles dépendent et de l'énergie de la pile et de la forme qu'on lui a donnée : nous avons vu, par exemple, qu'une pile formée d'une seule paire pouvait rougir un fil de métal, bien que dans ce cas la tension de l'électricité fût très faible : la raison en est que c'est ici un phénomène dépendant de la quantité d'électricité et non de la tension. Si on accumule, au moyen d'appareils différens, le nombre des paires qui doivent produire le courant, ce courant prendra d'autres caractères : il pourra, dans ce cas, produire tous les phénomènes qui dépendent de la tension de l'électricité, tels que les effets chimiques et les effets physiologiques : il pourra alors désunir les élémens des corps; il pourra vaincre leur affinité chimique : ce sera ici, nous le répétons, un phénomène dépendant de la tension, il faudra pour le produire l'accumulation d'un grand nombre de paires. Nous avons vu en outre que la force du courant devait dépendre aussi de la nature des surfaces mises en contact et qui devaient développer l'électricité : la force électromotrice développée par le contact du zinc et du cuivre est très forte; celle que développeraient l'or et l'argent mis en contact est au contraire très faible; enfin l'intensité du courant dépend aussi de la plus ou moins grande aptitude que possède le corps interposé pour conduire l'électricité : lorsque le conducteur est de l'eau pure, le courant est très faible, et il devient au contraire très énergique au moment où l'on verse de l'acide dans le liquide; nous verrons plus tard la raison de cette différence. Il est, d'après cela, facile de comprendre pourquoi le courant produit par une même pile est très variable, même à des intervalles de temps très rapprochés; en effet, l'acide versé dans l'eau n'est pas sans action sur les métaux qui composent les différentes paires : il les attaque, les oxide; la quantité d'acide est diminuée à chaque instant, et l'intensité de la pile varie d'un de ces instans à l'autre.

Il n'y a réellement que trois espèces différentes de piles dont on se serve pour produire les effets dépendans des courans électriques.

1° La *pile à auges*. Elle est formée d'une auge dans laquelle sont pratiquées des entailles où l'on fait entrer les différens élémens composés de zinc et de cuivre qui doivent composer la pile : on établit entre ces différens élémens une distance convenable, trois ou quatre lignes, et nous verrons plus tard de quelle influence est la détermination de cette distance sur l'énergie de la pile : les élémens placés perpendiculairement à la longueur de l'auge lui sont soudés au moyen d'un mastic qui ne puisse être altéré par les acides, de manière que les intervalles qui séparent chacun des élémens ne peuvent avoir entr'eux aucune communication : lorsque l'on veut se servir de l'appareil, on verse entre les plaques de l'eau acidulée, mais pas en assez grande quantité pour qu'elle recouvre ces plaques ; car alors cette eau ferait, aux deux extrémités de la pile, office de conducteur, et les effets produits par les fils adaptés aux pôles deviendraient bien moindres.

Lorsque les effets à produire demandent soit une grande tension, soit une grande quantité d'électricité, on pourra disposer en *batteries* une suite de piles semblables : mais la disposition de ces piles devra varier suivant le phénomène que l'on veut obtenir. Si ce phénomène dépend de la tension électrique, on disposera plusieurs auges à la suite les unes des autres en établissant une communication entre le dernier cuivre de la première auge et le premier zinc de l'auge suivante, en sorte que vous n'avez réellement que deux pôles : l'un, le pôle positif, est établi au premier zinc de la première pile; l'autre, le pôle négatif, est établi au dernier cuivre de la dernière pile, en sorte que quatre piles de cinquante paires, par exemple, équivaudront à une pile qui serait composée de deux cents paires, et dont les élémens auraient même dimension que celle des piles intégrantes. Si, au contraire, les phénomènes que l'on veut produire étaient des phénomènes physiques, c'est-à-dire dépendaient, comme nous l'avons vu, de la quantité d'électricité, il faudrait disposer les piles à côté les unes des autres, tous les pôles positifs se trouvant sur une même ligne ainsi que les pôles négatifs, et établir ensuite la communication entre les extrémités correspondantes ou de même nom de toutes les piles partielles; l'on aura de cette façon une pile composée d'élémens en même nombre que dans les piles intégrantes, mais dont les dimensions seront répétées autant de fois que l'on aura pris de piles; ainsi, par exemple, 4 piles à auges, de chacune 25 élémens de 1 décimètre carré formeront une pile de 25 élémens de chacun 4 décimètres carrés. Quant aux pôles de la pile, ils seront placés aux pôles positif et négatif de la première ou de la dernière des piles composantes.

Il importe d'établir une distance convenable entre les différens élémens de la pile, et la raison en est facile à concevoir : en effet, si les plaques sont très rapprochées, si elles n'ont, par exemple, qu'un intervalle de deux ou trois millimètres, la nappe de liquide renfermée et faisant l'office de rondelle humide sera, il est vrai, très promptement traversée par l'électricité mobile, et dans le commencement de l'opération la pile sera très énergique; mais l'acide attaquera les métaux, diminuera de quantité, et l'effet sera promptement détruit, du moins en grande partie. Si la distance entre les plaques est considérable, si elle est, par exemple, de un décimètre, l'inconvénient que nous venons de signaler n'existera plus, mais il sera remplacé par un autre : en effet, les liquides étant mauvais conducteurs de l'électricité, et la nappe à traverser dans ce cas étant fort épaisse, les courans qui partent d'un élément pour se porter sur l'autre seront naturellement affaiblis : dans ce cas, on aurait une pile peu énergique, mais qui conserverait long-temps son état primitif.

2° Les *piles en hélice*, dont nous avons parlé dans la dernière séance, jouissent des propriétés avantageuses des piles à auges sans en avoir les inconvéniens. En effet, les lames métalliques étant très rapprochées l'une de l'autre, puisqu'elles ne sont séparées que par des lisières et des cordes fort minces, les courans électriques partant d'une des surfaces sont facilement transmis à l'autre; et de plus, comme il y a communication entre le liquide renfermé entre les différentes spires de l'hélice, les différens courans que l'on se figure facilement exister dans le liquide au moment de l'action de la pile, et que l'on pourra d'ailleurs favoriser en agitant ce liquide. changeront à chaque instant les points de la liqueur qui sont en contact avec le métal, de façon que la déperdition de l'acide contenu dans l'eau se fera beaucoup plus lentement. Cette pile est forte et durable.

3o Enfin la *pile à la Wollaston*, qui est le plus en usage. Elle se compose, comme nous l'avons dit, d'une suite de paires semblables à celles que nous avons décrites dans la dernière séance.

La portion supérieure en cuivre et soudée au zinc est fixée à une barre en bois ; on y adapte un fil conducteur en métal qui sera le pôle négatif de la pile ; la lame recourbée en cuivre qui enveloppe le zinc du premier élément, et qui est électrisée positivement par le fluide émané du zinc et qui traverse le liquide est courbée une première fois pour pouvoir être appliquée sur la barre horizontale en bois ; elle se recourbe ensuite une seconde fois pour aller se souder au zinc du deuxième élément, en sorte que la même plaque de cuivre appartient au premier élément comme corps conducteur, et au second élément comme corps électromoteur ; cette disposition se répète ainsi autant de fois que l'on veut obtenir de paires dans la pile : lorsque l'on veut se servir de l'appareil, on fait descendre la barre en bois au moyen d'un mécanisme fort simple, de manière à faire plonger chaque élément dans les vases cylindriques remplis d'eau acidulée qui se trouvent au-dessous de chacun d'eux. Le dernier cuivre auquel on adaptera un fil conducteur formera d'ailleurs le pôle positif de la pile. On jouit dans cette pile des mêmes avantages que dans la pile en hélice : les intervalles qui séparent l'enveloppe cuivre de l'élément zinc dans chaque paire sont assez petits pour que l'électricité mobile traverse le liquide ; et ce liquide pouvant se mouvoir facilement dans le vase et entre les plaques, on comprend qu'il y a renouvellement constant de liquide en contact avec les plaques métalliques.

Effets chimiques de la pile.

Lorsque l'on force le courant électrique à traverser un conduit chimique, il modifie les affinités mutuelles des parties intégrantes de ce conduit, et peut même les détruire complètement; en sorte que si l'expérience est faite dans des circonstances convenables, il pourra y avoir décomposition du corps soumis à l'action de la pile.

Avant la découverte de la pile voltaïque on ne connaissait que très peu de corps tels que le charbon et le fer, par exemple, à l'aide desquels on pouvait obtenir la décomposition de l'eau; mais au moyen de cet appareil, on peut actuellement très-facilement produire cette décomposition. Si l'on a une pile d'une énergie convenable dont on fasse plonger les extrémités dans l'eau, le courant qui traversera le liquide le décomposera ; l'extrémité du fil positif s'oxidera, tandis qu'à l'extrémité négative du conducteur apparaîtront de petites bulles d'un gaz qui n'est autre chose que de l'hydrogène. Si l'on fesait ainsi l'expérience sans plus de précautions que nous n'en avons indiquées, nous ne pourrions point constater le phénomène le plus important de la décomposition ; il faudra donc apporter quelques modifications dans la construction de l'appareil que l'on emploie. L'on a un vase par le pied duquel entrent à frottement deux fils de platine recourbés par leur extrémité inférieure; que l'on met en contact, l'un avec le pôle positif de la pile, l'autre avec le pôle négatif, et dont les extrémités supérieures plongent dans le liquide que renferme le vase : les tiges supérieures de ces fils métalliques sont recouvertes de deux cloches d'égal diamètre autant que possible ; lorsque l'opération a commencé, on voit les gaz s'élever dans la cloche et déprimer l'eau, l'oxigène se rendant au pôle positif et l'hydrogène au pôle négatif; en outre, la quantité d'hydrogène est double de la quantité d'oxigène, et par conséquent dans les proportions nécessaires pour composer l'eau; il est inutile de dire que pour que les gaz puissent se dégager, il faut que le contact entre le vase et la base des cloches ne soit pas parfait. Si l'eau était très pure, l'expérience ne se ferait que lentement, on ajoute alors un peu d'acide pour la favoriser.

Il résulte du fait que nous venons de décrire, que la décomposition aurait lieu non pas dans l'intervalle des deux fils, mais à leur extrémité; ce mode de décomposition est, comme on le voit, bien différent de celui qui a lieu lorsque l'on emploie la chaleur à l'aide d'un corps oxidable; car, dans ce dernier cas, les élémens de l'eau, quoique désunis, ne se séparent pas : l'explication de ce phénomène peut donc nous présenter d'assez grandes difficultés. Supposons en effet qu'il n'y ait absolument que les extrémités des fils qui aient de l'action sur l'eau, ce qui aurait lieu, par exemple, si tout le reste du fil était enveloppé d'un corps isolant; supposons en outre, pour un instant, qu'il n'y ait qu'une seule molécule intermédiaire décomposée, il va arriver, comme nous l'avons vu, qu'une molécule d'oxigène sera portée au pôle positif et que deux molécules d'hydrogène se rendront au pôle négatif; il faudra donc que ces gaz aient traversé, après la décomposition, un certain espace dans l'intérieur du liquide; mais alors, si les choses se passent ainsi, en se servant d'un appareil convenable, on pourra intercepter la communication entre les deux pôles de la pile, de sorte que l'oxigène serait forcé de se dégager; tandis que l'hydrogène serait porté au pôle négatif, ou réciproquement selon la position de la molécule décomposée par rapport au corps qui détruira la communication ; or il est arrivé que de quelque façon que l'on ait fait l'expérience, de quelque manière que l'on ait varié les appareils, on n'a jamais pu atteindre le but que l'on s'était proposé. L'on avait un tube recourbé, dont la portion inférieure renfermait de l'eau à l'état de glace, et au dessus, l'on avait versé de l'eau acidulée, en sorte que la glace interceptait la communication entre les deux parties d'eau liquide ; introduisant les fils métalliques dans les deux branches, l'oxigène se portait au pôle positif, l'hydrogène au pôle négatif tout à fait comme s'il y avait eu communication. On avait aussi mis de l'eau acidulée dans deux vases différens: en plongeant les pôles de la pile dans chacun de ces vases, on établissait ensuite la communication en plaçant un doigt dans chaque vase; encore ici, tout se reproduisait exactement comme si le liquide eût été contenu dans un seul récipient; il fallait donc supposer que, de quelque côté que se trouvât la molécule, l'hydrogène ou l'oxigène traversait la totalité du corps pour passer d'une extrémité à l'autre : enfin de quelque manière que l'on fît l'expérience toutes les fois que le corps interposé contenait de l'eau, rien n'était changé dans les effets produits. Mais si le corps interposé était un métal, un fil de platine, par exemple, il arrivait alors qu'il y avait dans chaque vase décomposition de l'eau ; que, dans le premier, l'hydrogène était porté sur le fil de platine, et que, dans le second, c'était l'oxigène.

M. Grothuss a donné de ces phénomènes une explication fort ingénieuse et qui paraît être assez conforme à la vérité. Nous allons reproduire ici cette explication.

Supposons entre les deux fils conducteurs une seule chaîne de molécules d'eau ; chacune de ces molécules est composée de deux molécules d'hydrogène et d'une molécule d'oxigène, et voyons alors ce qui se passe.

L'électricité positive de l'un des pôles de la pile

agira par influence, entièrement comme l'électricité ordinaire, sur la molécule d'eau dont elle est voisine; elle en attirera l'électricité résineuse et en repoussera l'électricité vitrée, et si on admet que l'oxigène soit un corps électrisé négativement, tandis que l'hydrogène sera électrisé positivement, cet oxigène se tournera vers le pôle de la pile et l'hydrogène à l'opposé : l'électricité vitrée de l'hydrogène ainsi placé va agir sur la molécule d'eau voisine entièrement de la même manière, en sorte que les molécules d'oxigène et d'hydrogène pourront prendre la position que nous représentons ici :

l'on conçoit alors facilement qu'à l'instant où l'électricité du pôle positif sera assez grande pour détruire la cohésion de la première molécule d'oxigène avec les deux molécules d'hydrogène, ces deux dernières se recomposeront avec la molécule d'oxigène suivante, parce qu'elles auront plus d'action sur cette dernière que les deux molécules d'hydrogène qui la suivent et qui doivent partager leur force d'attraction entre la molécule d'oxigène qui les précède et celle qui les suit. De proche en proche la décomposition aura lieu et du côté du pôle positif et du côté du pôle négatif.

Si maintenant on considère la multitude de filets liquides qui existent entre les deux pôles, on aura facilement la raison de la production des quantités de gaz dégagé.

Ainsi cette explication tend à établir que le phénomène a lieu par suite de compositions et de décompositions successives : on pourra du reste l'étendre à l'action chimique de la pile sur tous les autres corps et même sur les corps solides; car quelle que soit chez ceux-ci l'aggrégation des molécules, rien ne s'oppose à ce qu'elles éprouvent des déplacemens, des oscillations; nous en avons la preuve dans les effets de la chaleur sur les corps qui produit leur dilatation et dans le son qui est causé par les vibrations de leurs molécules.

Cette manière d'envisager l'action chimique de la pile sur les corps, servira aussi à expliquer la formation des courans électriques et à corroborer l'hypothèse que nous avions émise sur la manière dont les choses se passaient. En effet il nous suffira d'admettre que les molécules de tous les corps, de quelque nature qu'ils soient, possèdent une électricité neutre, susceptible d'être décomposée par l'influence d'une seule électricité, en repoussant celle de même nom et attirant celle de nom contraire; les phénomènes se passeront alors de la même façon que nous les avons décrits dans la décomposition de l'eau ; il n'y aucune translation, il y aura seulement oscillation, vibration d'atôme à atôme ; on pourra même, si l'on veut, supposer un dégagement d'étincelles électriques dans la recomposition des électricités; tous les phénomènes des batteries électriques se trouveraient aussi expliqués de cette manière, et entr'autres celui de la carte dont les déchirures ont lieu en sens contraire et comme si les courans produits étaient partis du centre. Nous reviendrons du reste sur cette explication des phénomènes.

Les oxides peuvent être décomposés par l'action de la pile en oxigène et en radical de l'oxide. Si le corps est facilement réductile comme l'oxide d'or, d'argent, etc., on le placera sur une lame de platine; l'on mettra le pôle positif sur l'oxide, et le pôle négatif sur le platine; le métal se dépose alors et l'oxigène est dégagé. Mais si les corps soumis à l'action de la pile sont très difficiles à décomposer, et la potasse, la soude, la chaux, le baryte, la magnésie sont dans ce cas, il faudra prendre des précautions particulières. Pour la potasse, par exemple, on fera une petite capsule dans un morceau de cet alkali, et on la remplira de mercure; on placera le pôle positif sur la lame qui soutient l'oxide et le pôle négatif dans le mercure même; l'oxigène se porte au pôle positif, et le potassium formera, avec le mercure, une combinaison d'où il sera facile de le dégager. La présence du mercure a ici pour but d'empêcher le contact du potassium avec l'air, ce qui produirait une flamme et par suite une nouvelle oxidation.

Les acides seront décomposés de la même manière, l'oxigène se portant encore au pôle positif et le radical au pôle négatif de la pile.

Si l'on soumet des sels à l'action de la pile, il pourra se présenter deux cas, suivant la force de cohésion plus ou moins grande qui existe entre les différens élémens de ce sel ; il pourra arriver que le sel soit décomposé en acide qui se portera toujours au pôle positif, tandis que la base se portera au pôle négatif. Si ensuite l'oxide et l'acide sont faciles à décomposer, les phénomènes pourront se présenter tels que nous les avons décrits dans chaque cas particulier ; il est évident que ces différens cas de décomposition devront dépendre aussi de l'énergie de la pile dont on se sera servi pour les produire.

Si l'on emploie pour faire l'expérience un sel qui contient une matière végétale en dissolution, le phénomène de la décomposition devient très apparent ; le liquide du tube communique avec le conducteur négatif, se colore en vert, et le liquide qui communique avec le fil positif se colore en rouge. L'explication de ce fait est facile à donner, car la base qui se porte dans le premier tube, agissant sur la matière végétale de la dissolution, devra produire la couleur verte, tandis que l'acide du second tube agissant sur cette même dissolution végétale, devra la colorer en rouge.

Nous avons encore à traiter l'action des courans électriques sur les aimans ou l'électro-magnétisme ; il est donc indispensable de nous occuper des phénomènes du magnétisme : ce sera le but de la prochaine séance.

QUATRIÈME LEÇON.

16 avril 1836.

Nous avons rapidement parcouru et expliqué, dans la précédente leçon, les actions chimiques de la pile sur les différens corps; nous avons examiné la manière dont la décomposition en élémens simples pouvait s'opérer. D'après l'explication que nous avons adoptée des phénomènes qui se produisaient, nous avons vu que ce qu'on appelle courant électrique n'était point dû à une émission, à une translation du fluide électrique, mais à une vibration continue entre les molécules voisines des corps, vibration qui pouvait se transmettre d'une partie du corps à une autre, à la manière de ce qui se passe dans les corps chauds et les corps lumineux; enfin, à une simple alternative de compositions et de décompositions qui se font de molécule à molécule dans les corps, quels qu'ils soient, liquides ou solides. Il est infiniment vraisemblable, en effet, que tous les phénomènes que l'on produit, à l'aide de la pile, ne peuvent s'accomplir qu'autant que les molécules pondérables peuvent éprouver un déplacement, et cela d'une manière alternative, de manière à produire une série de mouvemens oscillatoires. C'est cette série de mouvemens vibratoires ou oscillations qui détermine d'abord dans les corps cette élévation de température qui se manifeste lorsque l'on fait agir la pile; la rapidité de ces mouvemens augmentant avec la durée de l'action de la pile, finit par produire les phénomènes lumineux; telle est l'opinion que nous devons nous faire sur la nature et la production de ces phénomènes.

Il me reste, pour terminer ce qui est relatif au galvanisme, à vous parler des piles sèches, de leur construction et du but que l'on se propose, en substituant leur usage à celui des autres piles dont nous avons déjà parlé.

Dans les piles dont nous nous sommes occupés précédemment, nous avons vu que le corps employé comme conducteur, l'eau acidulée, étant en contact avec le métal des paires, la quantité d'acide qui y est contenue variait à chaque instant, et que les effets produits devaient aussi varier d'un instant à un autre. Si donc il était possible de trouver un corps mauvais électro-moteur, et bon conducteur de l'électricité (car ces deux conditions sont essentielles comme nous le savons), et qui en outre ne fût point altéré, en employant ce corps comme conducteur de l'électricité développée par le contact de deux métaux, on aurait une pile dont l'énergie pourrait être constante. On a employé comme rondelle intermédiaire du nitrate de potasse fondu; on avait alors une pile à peu près constante, mais d'une énergie très-faible; et en outre le nitrate de potasse, par son contact permanent avec le cuivre de l'élément, finit par l'oxider, et il se produit du nitrate de cuivre, en sorte qu'à la longue la pile finirait encore par s'altérer.

L'on a encore construit des piles, en employant comme corps conducteurs, de la colle de farine, de la gélatine, du chlorure de sodium et encore d'autres substances. On est arrivé au meilleur résultat de la manière suivante : on a une feuille de papier qui est argentée d'un côté et dont l'autre est saupoudré d'oxide de manganèse; on découpe, au moyen d'un emporte-pièce, un grand nombre de rondelles de ce papier que l'on place les unes au-dessus des autres et dans le même ordre, de manière que le papier fait ici office de conducteur; l'électricité positive se porte toujours sur le zinc, tandis que l'électricité négative se porte sur le péroxide de manganèse. Tout se passera du reste ici comme dans les piles précédemment décrites. Lorsque l'on a découpé ainsi un assez grand nombre d'élémens, deux ou trois mille, par exemple, on termine la colonne par deux disques d'étain : on entoure le tout d'un tube de verre que l'on préserve de l'humidité de l'atmosphère, en l'enduisant d'une couche de gomme laque ou de résine.

Le papier, même humide, n'étant pas très-bon conducteur de l'électricité, il est facile de prévoir les caractères d'une pile ainsi construite. Lorsque l'on présentera pour la première fois le condensateur, on constatera une tension électrique très-grande, capable même, en approchant le doigt, de produire une étincelle, et c'est à quoi l'on devait s'attendre si l'on fait attention au grand nombre de paires dont la pile est composée. Si on approche le condensateur une seconde, une troisième fois, ou plus s'il le faut, la charge électrique finira par être nulle ; il faudra attendre un temps assez long pour qu'elle se reproduise, ce qui tient à un mouvement très-lent dans l'électricité ; cette lenteur est due, comme nous l'avons dit, à la conductibilité très-imparfaite du papier.

On avait cru que la pile pouvait agir continuellement, parce que l'on n'aperçoit aucune action chimique qui puisse détruire les conditions primitives dans lesquelles l'appareil a été construit, ou oxider les métaux employés ; cependant, au bout d'un temps plus ou moins long, tout signe d'électricité doit disparaître; il faut un intervalle de temps assez considérable pour que la pile reprenne ses propriétés électriques, et nous en avons dit ci-dessus la raison.

On divise quelquefois cette pile en deux parties égales que l'on place verticalement, en sens inverse l'une de l'autre, en ayant soin d'établir, au moyen d'une plaque métallique, communication entre les deux extrémités inférieures; de cette façon, les deux pôles se trouveront à la même hauteur.

C'est en se servant d'une pile dont la construction était ainsi modifiée, que l'on avait cru trouver le mouvement perpétuel.

On avait suspendu sur un pivot placé entre les deux extrémités supérieures de la pile, une aiguille fort légère de gomme laque, terminée de part et d'autre par un petit disque fait avec une feuille d'or. Chacun des pôles de la pile exerce alors une attraction sur l'extrémité de l'aiguille dont il est voisin; si on écarte cette aiguille de sa position d'équilibre, elle continuera à tourner; ses extrémités, chargées d'électricités différentes par leur contact précédent avec les deux pôles de la pile, sont nécessairement attirés et repoussés par les pôles; elles reviendront donc en contact avec ces pôles, se chargeront alors d'électricité contraire à celle qu'elles avaient acquise par le premier contact, et éprouveront, mais en sens inverse des premières, de nouvelles attractions et de nouvelles répulsions; l'aiguille persévérera, par conséquent, dans son mouvement de rotation.

Les causes qui peuvent arrêter ce mouvement sont faciles à trouver. En premier lieu la pile, comme nous l'avons dit plus haut, cessera d'agir au bout d'un certain temps. En outre l'aiguille éprouve, au point de suspension, un frottement qui, quelque faible qu'il soit, doit être une cause de destruction du mouvement.

Quelquefois aussi l'aiguille cesse momentanément son mouvement pour le reprendre au bout d'un temps plus ou moins long. La cause en est due alors à l'humidité de l'air qui fait entre les deux extrémités de la pile office de conducteur, en sorte qu'une partie notable de l'électricité ne sera plus employée pour produire le mouvement de rotation de l'aiguille; lorsque l'air reviendra sec, elle recommencera à marcher.

Pour remédier à cet inconvénient de l'humidité, on peut entourer la pile d'une couche de soufre qui est un très mauvais-conducteur de l'électricité.

. Tels sont, Messieurs, les faits qui constituent le galvanisme et sur lesquels j'ai cru devoir porter votre attention. Nous allons actuellement passer à l'étude du *magnétisme*.

Du magnétisme.

Les aimans sont des corps qui ont la propriété d'attirer le fer; c'est un minéral que l'on trouve dans presque toutes les mines : l'on peut aussi former des aimans auxquels on a donné le nom d'aimans artificiels, mais dont les propriétés sont entièrement identiques avec celles des aimans naturels.

Nous savons que lorsque l'on présente à un corps conducteur isolé un corps qui est électrisé, les phénomènes électriques se développent avec le premier corps comme avec le second, c'est-à-dire que celui-ci lui apour ainsi dire communiqué les propriétés dont il jouissait; il en est de même de la communication des phénomènes magnétiques ; il y aura, entre les phénomènes magnétiques et les phénomènes électriques, une analogie frappante qui ne permet plus d'isoler l'une de l'autre ces deux branches de la physique, et nous ne devrons considérer les phénomènes magnétiques que comme une modification des phénomènes électriques.

Voyons d'abord de quelle façon se manifeste

sur le fer cette attraction des aimans dont nous avons parlé. Rien de plus facile à constater que cette action. L'on prend un aimant, naturel ou artificiel, peu importe, et si on le roule dans la limaille de fer, cette limaille devient adhérente. On peut varier l'expérience, en plaçant sous un aimant différens morceaux de fer doux qui y restent attachés. Ainsi, nous le voyons, rien de plus simple que de constater l'existence des phénomènes magnétiques; on reconnaît, de cette façon, que la propriété d'attirer le fer se manifeste non seulement au contact, mais encore à distance; ainsi un morceau de fer suspendu à un fil de soie sera dérangé de sa position et attiré vers un aimant qu'on lui présentera à une certaine distance; on peut former alors un pendule magnétique dont le mouvement suivra les lois que nous avons reconnues dans le pendule ordinaire.

Cette force magnétique s'exerce au travers de tous les corps; sur un aimant, placez une feuille de papier que vous couvrirez de limaille de fer, et s'il le faut, favorisez l'action en agitant légèrement la feuille de papier, vous ne tarderez pas à voir la limaille de fer se grouper autour de l'aimant. Cette force s'exerce dans le vide : pour le prouver, on a placé un aimant à l'intérieur d'un tube en verre que l'on a préalablement chauffé pour en chasser l'air, et que l'on a ensuite fermé à la lampe; on plonge le tube dans la limaille de fer; celle-ci, ne pouvant plus ici s'attacher à l'aimant, s'attache au verre qui l'enveloppe. Enfin, et ceci peut se constater à l'aide de ce que nous avons appelé pendule magnétique, la force d'attraction de l'aimant sur le fer diminue à mesure que la distance augmente.

Après avoir nettement constaté ces propriétés, il importe de voir si l'attraction réside plus particulièrement dans certains points de l'aimant, ou si cette force est uniformément distribuée sur toute la surface du corps.

Lorsque l'on plonge dans la limaille de fer un aimant, soit naturel, soit artificiel, cette limaille se distribue fort inégalement sur les différentes parties de l'aimant; certaines de ces parties en seront considérablement chargées, tandis que d'autres au contraire en seront totalement dépourvues, en sorte que l'on peut croire que si on brisait l'aimant suivant une certaine direction, la cassure, plongée dans la limaille, ne l'attirerait pas. Ainsi, les différentes parties d'un même aimant ne paraissent pas jouir à un même degré de la propriété d'attirer le fer. Si l'on se sert, pour faire l'expérience, d'un aimant naturel dont les formes sont assez communément incommodes pour le but que l'on se propose, il sera assez difficile de donner une règle générale de la distribution de la force magnétique; mais si on emploie un aimant artificiel en forme de prisme droit très allongé, il sera facile de constater que la limaille de fer se portera de préférence aux deux extrémités de ce barreau, tandis qu'une certaine ligne intermédiaire en sera totalement dépourvue. Ces extrémités, en tant que l'on considère leur action sur le fer, sont appelées *pôles* de l'aimant, et la ligne intermédiaire s'appelle *ligne moyenne* ou *neutre* : elle peut varier, du reste, ainsi que les pôles, suivnat la forme particulière de chaque aimant.

Cette proposition bien démontrée, on pourrait présumer, comme nous l'avons donné à entendre, que si l'on brisait le barreau aimanté suivant sa ligne neutre, une seule extrémité de chacun des morceaux jouirait de la propriété bien prononcée d'attirer le fer, tandis que l'autre extrémité en serait entièrement privée. Il n'en est rien. Si vous coupez en deux parties un aimant selon sa ligne moyenne, et que vous plongiez ces parties dans la limaille, vous verrez les deux extrémités de chacune d'elles se charger de cette limaille, et au milieu une ligne qui en sera dépourvue : vous aurez reconstitué de cette façon un véritable aimant, et cela aura lieu quel que soit le nombre des parties dans lequel vous subdiviserez l'aimant primitif.

Cette existence des pôles et d'une ligne neutre dans les aimans de quelque nature qu'ils soient étant bien établie, on conçoit que c'est une question fort importante, une question fondamentale que d'examiner si les actions des pôles sont identiques. Relativement au fer ou à la limaille de fer, ces actions sont les mêmes, comme nous l'avons vu ; elles consistent dans l'attraction de ces corps par l'aimant : mais si l'on vient à considérer ce qui se passe lorsqu'on examine les actions des aimans les uns sur les autres, l'on verra que ces actions sont très différentes selon les pôles que l'on soumettra à l'expérience.

Prenez un aimant que vous suspendrez à un fil de manière à ce qu'il puisse facilement céder aux forces qui le solliciteront. Présentez à l'un de ses pôles le pôle d'un autre aimant, et supposez, par exemple, qu'il y ait attraction; si vous présentez au même pôle de l'aimant suspendu le second pôle de l'autre aimant, vous verrez qu'il y a répulsion. Si vous répétez l'expérience en présentant successivement les deux pôles d'un second, d'un troisième, d'un quatrième aimant, les mêmes phénomènes se reproduiront. L'on voit donc déjà que les actions des deux pôles, que dans les premières expériences du magnétisme nous étions conduits à regarder comme identiques, ont au contraire une différence essentielle dans leurs actions.

Essayons actuellement de donner à la proposition que nous avons démontrée le caractère d'une loi générale de physique. Comparons entr'eux les pôles des différens aimans que nous avons présentés au barreau suspendu. Si nous approchons les pôles qui ont produit sur l'aimant suspendu les mêmes effets, soit attraction, soit répulsion, nous verrons qu'il y a toujours répulsion; si au contraire ce sont les pôles qui ont produit des effets contraires que l'on met en regard, il y aura attraction. Ces phénomènes ayant lieu quels que soient les aimans que l'on soumette à l'expérience, nous dirons que les pôles de même nom se repoussent, tandis que les pôles de noms contraires s'attirent. Ce sera là une loi générale du magnétisme.

Nous distinguerons donc dans le magnétisme

comme dans l'électricité deux fluides différens par les effets qu'ils produisent. Ici se reproduit cette analogie frappante entre le magnétisme et l'électricité ; analogie qui se développera au fur et à mesure que nous avancerons dans la connaissance des phénomènes magnétiques.

Après avoir constaté ces vérités sur les aimans, voyons ce qui se passe dans le fer doux lorsqu'il est soumis à l'action du magnétisme.

Lorsque l'on approche un cylindre de fer doux d'un aimant d'une force convenable, il y reste attaché; en outre, pendant toute la durée du contact, le morceau de fer est lui-même un véritable aimant susceptible d'attirer la limaille de fer que l'on versera sur lui, de soutenir même quelquefois un second morceau de fer qu'on lui présenterait, possédant comme les aimans naturels et artificiels une ligne moyenne et deux pôles. Mais du moment où le contact cesse, tous les phénomènes disparaissent; le morceau de fer revient à son état primitif et ne jouit plus d'aucune propriété magnétique. Que se passe-t-il dans cette circonstance? Il faut nécessairement admettre que, comme dans l'électricité, certains corps comme le fer jouissent de la propriété de renfermer deux fluides magnétiques d'effets différens, qui s'attirent l'un l'autre, de manière à ne produire aucun phénomène extérieur dans les circonstances ordinaires, mais qui, lorsque ces circonstances viennent à changer par la présence d'un aimant, se séparent et exercent leur action en se portant aux extrémités ou pôles qui ne sont alors que la manifestation, la représentation des fluides magnétiques libres. Ces fluides une fois séparés resteront dans cet état tant que durera la présence de l'aimant, et se combineront de nouveau lorsque le corps sera isolé. L'on concevra du reste facilement qu'un corps, quoique possédant les deux fluides magnétiques, soit sans action sur le fer qu'on lui présentera. En effet, chacune des molécules de ce corps, renfermant à la fois les deux fluides, l'action de ces molécules sur celles du fer qu'on lui présentera, sera attractive et répulsive tout à la fois, il ne pourra donc y avoir aucune action produite.

Cette coexistence de deux fluides magnétiques existera donc toujours dans les corps auxquels on a donné le nom de magnétiques. Rien de plus facile à constater par une expérience directe que cette dissimulation des fluides de noms contraires. Si l'on prend un barreau aimanté, et que l'on en approche un morceau de fer doux, il y adhère comme nous le savons parfaitement; mais si on vient à placer sur le premier aimant un second aimant de même forme et d'une force égale autant que possible, en ayant soin de placer les pôles de noms contraires l'un sur l'autre, aussitôt le cylindre de fer se détachera et tombera en vertu de la pesanteur.

Cette disposition que l'on donne ici aux aimans neutralise les attractions et les répulsions de manière que les effets sont détruits; si, au lieu de placer d'un même côté les pôles de noms contraires, on les plaçait en sens inverse, l'effet serait rendu double : c'est ce que l'on pouvait facilement prévoir.

Ainsi, les fluides électriques peuvent exister de deux manières dans les corps magnétiques : soit séparés ou isolés, comme dans les aimans naturels et artificiels ; soit dissimulés, comme dans le fer doux. Lorsqu'à l'avenir nous parlerons d'un corps magnétique, nous entendrons qu'il se comporte de l'une ou de l'autre de ces deux manières.

Au reste, il peut arriver que, par des circonstances dont nous parlerons plus tard, ou en faisant usage de procédés que nous décrirons en leur lieu, l'on parvienne à produire chez les corps magnétiques comme le fer, une permanence dans les effets attractifs et répulsifs qu'ils ne pouvaient développer qu'accidentellement; de même que l'on pourra faire perdre aux aimans les propriétés magnétiques constantes dont ils sont doués; ce qui ne voudra pas dire pour cela que ces aimans ne sont plus des corps magnétiques, mais signifiera seulement que les modifications moléculaires qu'on leur a fait éprouver ont permis aux fluides de noms différens de se recomposer. Lorsque l'on chauffe un aimant jusqu'au rouge par exemple, ce phénomène se produit; il ne peut plus attirer le fer; il n'y a plus aucune trace d'aimantation ; les fluides magnétiques y existent bien encore, mais à un état de neutralisation, de dissimulation complète qui ne permet plus aux attractions magnétiques de se produire.

CINQUIÈME LEÇON.

19 avril 1836.

Nous avons vu, dans la dernière séance, que si l'aimant attire le fer, cette attraction était produite par un fluide impondérable qui se trouve à l'état neutre dans tous les corps magnétiques, et qui par la présence d'un aimant se décompose en deux autres d'effets différens ; l'un de ces fluides est attiré vers l'aimant, tandis que l'autre est repoussé. Le fer devient alors, dans ces circonstances, un véritable aimant ; il jouit de la propriété d'attirer la limaille de fer et de décomposer dans le fer le fluide magnétique neutre qui y existe. Nous avons vu que les plus grands effets d'attraction étaient produits aux extrémités de l'aimant, et qu'il existait entre ces deux points une ligne que nous avons appelée ligne *neutre* ou *moyenne*, où aucun des effets du magnétisme n'était produit. Cette existence d'une ligne neutre dans tous les corps jouissant des propriétés magnétiques devait bien nous faire pressentir que ces propriétés ne pouvaient être dues à la matière, car il n'y aurait alors aucune raison pour que, dans un corps homogène ou à peu près, certains points ne puissent jouir de la propriété dont d'autres seraient doués. Enfin, nous avons divisé les corps magnétiques en deux espèces ; ceux dans lesquels les fluides se trouvent dans un état permanent de séparation comme l'aimant, et ceux dans lesquels ces deux fluides se trouvent dissimulés comme le fer. La présence d'un aimant sur ces derniers produisait la séparation, la décomposition des deux fluides, de manière qu'ils se comportaient alors comme les premiers et devenaient de véritables aimans. Lorsque nous parlerons d'un corps magnétique, nous rechercherons avec soin à laquelle de ces deux classes il appartient.

Je dois maintenant attirer votre attention sur une propriété très-importante de fluide magnétique.

Nous savons que lorsque les effets électriques ont lieu, cela est dû à la transmission du fluide électrique d'un corps à un autre ; il n'en est point de même du fluide magnétique. Le fluide magnétique n'est point transmissible, il ne peut être transporté d'un corps à un autre, et je vais rappeler ici quelques faits qui ne laisseront aucun doute sur cette proposition. On peut, avec un aimant, aimanter autant de morceaux de fer que l'on voudra, l'aimant n'aura en aucune façon perdu de son intensité ; donc, dans l'opération de l'aimantation, l'aimant n'a point cédé de fluide magnétique au fer. Si on vient à séparer le fer de l'aimant, le premier ne possédera plus aucune propriété magnétique, donc il n'a point reçu de fluide magnétique provenant de l'aimant, sans quoi il l'aurait gardé et le posséderait encore après la séparation. Enfin, et cette raison est encore plus concluante, le fer qui a été mis en présence de l'aimant possède une ligne neutre et deux pôles, c'est-à-dire deux fluides d'espèce différente; or, si le fluide magnétique était venu de l'aimant au fer comme l'électricité passe d'un corps électrisé à un autre corps qui ne l'est pas, il serait arrivé qu'il n'y aurait eu transmission que d'un seul et même fluide; il n'y aurait eu transmission que du fluide du pôle en présence; par conséquent les extrémités du barreau de fer seraient repoussées toutes deux; mais ce n'est point ainsi, comme vous le savez, que les choses se passent; l'un des pôles est attiré, tandis que l'autre est repoussé.

Nous pouvons donc conclure que le fluide magnétique ne peut être déplacé d'un corps à un autre; il n'est point transmissible.

Mais actuellement je vais plus loin, et je dis que non seulement le fluide magnétique ne saurait se transmettre d'un corps à un autre, mais en outre qu'il n'est point transmissible d'une partie à une autre d'un même corps; car, s'il en était ainsi, lorsque l'on vient à briser un morceau de fer qui est en contact avec un aimant, la portion brisée devrait conserver un des deux fluides magnétiques, celui qui est de même nom que l'extrémité de l'aimant en contact; mais il n'en est rien : le morceau de fer séparé ne possède aucune trace de magnétisme, tandis que celui qui reste attaché possède encore les deux pôles. De tout cela, nous sommes en droit de conclure que le fluide magnétique n'est pas même transmissible d'une molécule à une autre molécule d'un même corps, en sorte que la décomposition qui se fait des deux fluides doit avoir lieu dans chaque molécule séparément : c'est dans cette étendue fort petite que doivent se produire tous les effets. Nous reviendrons sur le mode de décomposition dans une suivante leçon; mais j'ai dù, dès à présent, vous faire connaître ces propriétés remarquables du fluide magnétique, à cause de leur différence avec le fluide électrique qui au contraire se transporte facilement non seulement dans l'étendue d'un même corps, mais encore d'un corps à un autre.

Le fer, l'acier et l'aimant ne sont pas dans la nature les seules substances qui jouissent des propriétés magnétiques.

Si l'on plonge un aimant dans la limaille d'acier, elle se comportera comme la limaille de fer; si l'on prend des fils d'acier d'une petite épaisseur, l'action sera encore sensiblement la même qu'avec des fils de fer; mais si vous augmentez le diamètre de ces fils, si vous prenez de petits cylindres d'acier comme vous avez pris de petits cylindres de fer dans nos premières expériences sur le magnétisme, les attractions magnétiques n'auront plus lieu; l'acier n'adhérera plus à l'aimant, il sera complètement insensible à son action.

Mais si au premier instant l'acier ne reçoit aucune influence de l'aimant, il en recevra une avec le temps. Si on met un morceau d'acier en contact avec un aimant pendant un jour, deux jours, plusieurs semaines même s'il le faut, on verra que cet acier jouit alors comme le fer de la propriété d'être attiré par l'aimant, il possède même cette propriété à un plus haut degré. Il y a un moyen de suppléer au temps pour obtenir ce résultat; c'est en passant plusieurs fois l'acier sur l'aimant ou l'aimant sur l'acier; en quelques secondes, ces frictions auront développé dans l'acier la propriété d'être attiré par l'aimant. En outre, et c'est ici où l'analogie entre le fer et l'acier disparaît, cet acier qui auparavant ne possédait aucune propriété magnétique les conservera même après sa séparation d'avec l'aimant; il sera devenu lui-même un véritable aimant ayant une ligne moyenne et des pôles : si on le roule dans la limaille de fer, elle s'y attachera comme sur un aimant.

Voilà donc deux propriétés de l'acier parfaitement établies; il acquiert, par un contact prolongé, ou au moyen de frictions réitérées, la propriété d'être attiré par l'aimant qu'il ne possédait pas auparavant; et cette propriété une fois acquise, il ne la perd pas comme le fer par la séparation; il la conserve, au contraire, comme le ferait un aimant.

Il a donc fallu admettre, pour expliquer ce fait qu'il faut un temps plus ou moins long à l'acier pour acquérir les propriétés magnétiques, qu'il existe entre les deux fluides magnétiques qui résident dans ce corps une grande difficulté à la séparation; qu'il existe une force qui s'y oppose, et à cette force quelle qu'elle soit dont nous voyons les effets, on a donné le nom de *force coercitive*. Il a fallu, en outre, admettre que lorsque la décomposition des fluides magnétiques s'était opérée, il y avait une résistance qui s'opposait à leur recomposition; cette résistance, qui s'exerçait en sens contraire de la première, a reçu comme elle le nom de *force coercitive*, bien qu'il puisse arriver que ces deux forces ne soient pas identiques.

Il y a donc entre le fer et l'acier cette différence essentielle que lorsque celui-ci a acquis les propriétés magnétiques, il les conserve, tandis que le premier les abandonne.

On a profité de cette propriété des aciers pour obtenir des aimans artificiels, qui ont sur les aimans naturels cet avantage que l'on peut leur donner toutes les formes que l'on veut, ce qui devient fort utile dans les expériences.

Lorsque l'aimant artificiel dont on fait usage est une lame mince d'acier, ayant la forme d'un losange dont deux des angles sont très-aigus, elle prend le nom d'*aiguille aimantée*; si ces aimans sont d'une dimension assez considérable, présentant, du reste, assez généralement la forme d'un parallélépipède, on les appelle *barreaux aimantés*; enfin, la réunion de plusieurs de ces barreaux, disposés de différentes manières, suivant les résultats que l'on veut obtenir, constitue ce que l'on a appelé un *faisceau aimanté*.

L'acier, comme vous le savez, est une combinaison de fer et d'une très-petite quantité de charbon. Sans changer les proportions qui existent dans les élémens, on peut obtenir des corps qui produisent des effets très-différens, et qui dépendent des arrangemens moléculaires. L'on sait qu'il y a des aciers qui sont très-fragiles, tandis que d'autres, au contraire, seront très-tenaces ; les uns seront souples, flexibles, tranchans, d'autres très-durs ; toutes ces modifications pourront, du reste, très-facilement s'altérer, suivant un grand nombre de circonstances. Ces différentes propriétés dans un même corps sont dues en général à ce que l'on appelle la *trempe*, et cette trempe exerce une grande influence sur ce que nous avons appelé la *force coercitive* de l'air. Cette force sera la plus grande, dans les aciers bien trempés ; elle sera faible, au contraire, dans ceux d'une faible trempe ; il faudra donc employer de préférence les premiers lorsque l'on voudra obtenir des aimans artificiels.

Le charbon, l'oxigène, et en général les élémens combinés avec le fer dans les corps qui jouissent des propriétés magnétiques, n'étant point magnétiques par eux-mêmes, il est très-vraisemblable que ces propriétés doivent être attribuées à la présence du fer, en sorte que partout où il y aura du fer, nous devons nous attendre à retrouver les propriétés magnétiques. Certains corps cependant jouissent de la propriété de détruire les effets magnétiques du fer lorsqu'ils se combinent avec lui dans des proportions convenables. L'on trouve ainsi que l'acier, le fer doux, le chlorure de fer sont magnétiques ; de deux oxides, l'un, le peroxide, n'est point magnétique ; il en est de même du protosulfure de fer, qui est attiré par l'aimant, tandis que le persulfure ne l'est point.

Le fer, ainsi considéré par lui-même et dans ses

combinaisons, n'est pas le seul élément magnétique que l'on connaisse. Il en est de même du nickel, du cobalt, du chrôme et du manganèse, et de certaines de leurs combinaisons. Il sera facile, comme nous le savons, de déterminer si ces corps sont magnétiques à la manière des aimans ou à la manière du fer doux; dans le premier cas, ils jouiront de la propriété de repousser une des extrémités d'un barreau aimanté et d'attirer l'autre, tandis que dans le second, ils attireront l'aimant, quelle que soit l'extrémité qu'on leur présente. Nous reconnaîtrons, en essayant ainsi le cobalt, qu'il est un corps magnétique comme l'acier, mais qu'il jouit d'une très-faible force coercitive.

Après avoir considéré l'action sur les aimans de différens corps que l'on peut trouver à la surface du globe, nous allons nous occuper de celle que produit le globe entier : cette étude constituera ce que l'on a appelé *magnétisme terrestre*.

Si l'on suspend par son centre de gravité une aiguille faite d'un corps non magnétique, elle restera dans la position qu'on lui aura fait prendre, sans chercher à en changer; mais il n'en sera plus de même si on fait l'expérience avec une aiguille aimantée. Si l'on écarte cette aiguille de la position qu'elle a prise d'elle-même, elle tendra à y revenir, et y reviendra en effet, à moins que la présence d'un corps magnétique, d'un aimant, ne vienne s'y opposer. Quelle est la cause qui tend ainsi à ramener l'aiguille dans une position déterminée? car un corps ne saurait de lui-même se donner aucun mouvement, il faut une cause extérieure qui le produise. Cette cause est-elle générale ou accidentelle? Pour résoudre ce problème, nous nous transporterons en différens points du globe, et si nous trouvons que cette tendance de l'aiguille aimantée à revenir dans une position déterminée continue à exister, nous serons alors assurés que c'est une cause générale, une cause universelle. C'est, en effet, ce qui a lieu; quel que soit le point de la terre où nous nous transportions, nous reconnaîtrons que l'aiguille aimantée, écartée de sa position d'équilibre, tend à y revenir par une suite d'oscillations; cette position fixe, déterminée de l'aiguille, varie, du reste, comme nous le verrons plus tard, suivant les différens lieux où elle se trouve.

Il est fort difficile, et nous n'entreprendrons point de déterminer exactement où existe le siége de cette force d'attraction, ni ce qui peut la produire, mais, ce que nous pouvons affirmer, c'est qu'elle réside dans le globe. Le globe agit-il à la manière d'un aimant, ou seulement comme un corps magnétique? c'est ce que nous allons facilement reconnaître. Retournons l'aiguille aimantée de manière à échanger la position des pôles : il est évident que si la terre agit comme un corps simplement magnétique, et non comme un aimant, l'aiguille va rester dans la position que nous lui avons donnée, et tendra même à y revenir si on l'en écarte légèrement. Il n'en est point ainsi : l'aiguille décrit une demi-circonférence et reprend sa première position; la terre agit donc comme un véritable aimant, qui doit avoir une ligne neutre et deux pôles ; c'est, en effet, ce qui arrive. Tant que l'on restera d'un même côté d'une certaine ligne à laquelle on a donné le nom d'équateur magnétique, et qui ne se confond pas avec l'équateur terrestre, l'aiguille aimantée présentera la même extrémité à la surface de la terre : à mesure que l'on l'avance vers l'équateur magnétique, cette extrémité s'élève, et l'autre s'abaisse ; l'aiguille devient parallèle à l'horizon lorsque le point que l'on considère est situé sur l'équateur magnétique ; enfin, lorsqu'on l'aura dépassé, les mêmes phénomènes se présenteront, mais en sens inverse : ce sera l'extrémité de l'aiguille précédemment dirigée vers la terre qui sera relevée.

Nous diviserons, relativement aux effets magnétiques, le globe terrestre en deux parties : dans l'une résidera le pôle *nord* ou *boréal*; dans l'autre, ce sera le pôle *sud* ou *austral*, et nous donnerons les mêmes noms aux deux fluides de l'aiguille ; l'un, le fluide austral, sera attiré par le pôle nord de la terre, tandis que le fluide boréal le sera par le pôle sud.

L'on entend, par méridien astronomique ou terrestre, le plan du grand cercle qui passe par la ligne des pôles et par la verticale du lieu où l'on se trouve; nous entendrons par méridien magnétique le plan du grand cercle qui passera par la verticale et par la direction de l'aiguille aimantée. Rien ne sera donc plus facile, on le conçoit, que de déterminer, pour tous les lieux de la terre, l'angle que forment entre eux les méridiens astronomique et magnétique : cet angle est ce qu'on appelle la *déclinaison* de l'aiguille aimantée. Tous les instrumens propres à mesurer cet angle sont appelés boussoles de déclinaison. Nous parlerons plus tard de la construction de ces instrumens, et de la manière d'en faire usage.

Cette déclinaison varie non seulement avec les différens lieux où l'on se trouve, mais encore dans chaque lieu, avec les époques où l'on a fait les observations. Elle était orientale à Paris avant 1666 ; vers cette année, à peu près, elle fut nulle, c'est-à-dire que l'aiguille aimantée se dirigeait exactement du nord au sud; actuellement elle est occidentale, et de 22° environ.

Lorsque l'aiguille aimantée est placée dans le méridien magnétique, elle ne s'y trouve point horizontale, en sorte qu'il faut encore considérer dans les différens lieux l'angle que forme cette aiguille avec l'horizon : cet angle est ce que l'on nomme *inclinaison* de l'aiguille aimantée. Cette inclinaison varie comme la déclinaison, en passant d'un lieu de la terre à l'autre; elle est actuellement à Paris de 68° environ.

Transportons-nous actuellement dans les différens lieux de la terre avec une aiguille aimantée, afin de comparer les différentes directions et pouvoir nous aider de cette comparaison pour la détermination des pôles magnétiques.

Si nous nous avançons vers le nord en partant de Paris, et en nous dirigeant sur un même méridien magnétique, l'aiguille s'approchera de plus en plus de la verticale du lieu; à 72° ou 73° de latitude, elle sera tout à fait verticale, en sorte que le pôle magnétique devra se trouver sur sa direction ; l'on pourra placer alors l'instrument dans tous les plans passant par la verticale, sans que l'aiguille change de direction. Si maintenant on s'avance vers le sud, l'aiguille se relèvera, elle deviendra parfaitement horizontale sur l'équateur magnétique; de l'autre côté de cet équateur, le pôle boréal de l'aiguille s'abaissera et le pôle austral se relèvera; enfin, à 80° ou environ, car on n'a pas exactement déterminé cette latitude, l'aiguille va de nouveau devenir verticale, elle indiquera dans cette position la direction du pôle austral du globe terrestre. Cet équateur magnétique dont nous avons parlé n'est pas une circonférence de cercle; c'est une ligne sinueuse qui passe tantôt d'un côté de l'équateur terrestre, tantôt de l'autre.

Le siége de cette attraction magnétique réside-t-il à la surface de la terre ou près du centre? S'il se trouvait à la surface de la terre ou à une faible distance de cette surface, il serait impossible que les variations de l'aiguille aimantée eussent lieu de la même manière sur les différens méridiens magnétiques; ces actions des pôles seraient différentes, elles ne seraient point symétriques. Ainsi les pôles sont situés près du centre de la terre; ce qui ne voudra pas dire qu'il existe en cet endroit des masses aimantées auxquelles on devra attribuer tous les phénomènes, mais seulement que c'est en ces points que se trouvera situé le centre d'action de toutes les forces magnétiques du globe; c'est ce qui arriverait, par exemple, si les attractions magnétiques se trouvaient également distribuées sur des couches sphériques concentriques, qui auraient pour centre celui de la terre.

SIXIÈME LEÇON.

25 avril 1836.

Nous avons vu dans la dernière leçon que lorsque l'on dérangeait l'aiguille aimantée de la position d'équilibre qu'elle avait prise, elle tendait à y revenir par une suite d'oscillations. Comme ce fait était vérifié dans quelqu'endroit de la terre que l'on se trouvât, nous avons été conduit à lui attribuer une cause universelle. Cette cause, nous l'avons fait résider dans le globe, et nous l'avons appelée *force magnétique terrestre*. Nous avons donc ainsi considéré le globe comme un corps magnétique, et nous avons vu qu'il se comportait à la manière des aimans; qu'il avait deux pôles et une ligne neutre. Pour pouvoir facilement embrasser la série des expériences qui ont été faites sur l'aiguille aimantée, il a fallu considérer deux choses dans la déviation de cette aiguille; d'abord l'angle du plan de l'aiguille passant par le centre de la terre, avec le plan du méridien terrestre : cet angle, nous lui avons donné le nom de *déclinaison ;* l'aiguille placée dans le plan du méridien magnétique fait avec l'horizon un angle qui varie avec la position du lieu où se fait l'observation, et cet angle, nous l'avons appelé *inclinaison*. Enfin, la série de points où l'aiguille se tient horizontale est *l'équateur magnétique*.

Il importe actuellement d'examiner la nature de la force magnétique. Cette force, quelle qu'elle soit, ne peut produire un mouvement de translation, elle ne peut donner lieu qu'à un mouvement de rotation. Il est facile de s'en assurer par les deux expériences suivantes.

Placez une aiguille aimantée sur un mòrceau de liége que vous mettrez dans un vase plein d'eau; l'aiguille tournera sur elle-même et fera tourner le liége jusqu'à ce qu'elle se trouve située dans le plan du méridien magnétique; donc la force magnétique du globe ne peut produire un mouvement horizontal de translation de l'aiguille. Elle ne saurait non plus produire de mouvement vertical de translation, car l'aiguille pesée après et avant l'aimantation donne les mêmes résultats; or, si la force magnétique du globe pouvait produire un mouvement vertical de translation, cette force agirait à l'instar de la pesanteur et augmenterait l'attraction de l'aiguille vers le centre de la terre; tout mouvement pouvant en définitive se ramener à deux autres, l'un horizontal et l'autre vertical, il est impossible qu'un pareil mouvement soit produit par l'action du globe.

Ainsi il est bien démontré pour nous que l'action magnétique du globe ne saurait produire un déplacement de l'aiguille aimantée : ce résultat, qui au premier abord peut paraître paradoxal, va néanmoins par son explication nous donner une idée fort juste de la nature de la force magnétique du globe.

On entend par *couple,* le système de deux forces égales, parallèles, et agissant en sens contraire. Or, l'effet d'un pareil système, appliqué aux extrémités d'une règle mobile et perpendiculairement à sa direction, est facile à concevoir; il fera tourner la règle autour de son centre, jusqu'à ce qu'elle soit venue se placer dans la direction commune des deux forces parallèles de manière à ne plus former avec elles qu'une seule et même ligne droite. Si donc la terre agissait sur l'aiguille aimantée comme un couple, tous les phénomènes seraient parfaitement expliqués; il ne pourrait en effet se produire de mouvement de translation; il ne pourrait y avoir qu'un mouvement de rotation, et l'action magnétique du globe agirait seulement comme une force dirigeante. Or, c'est justement ainsi qu'agit cette force magnétique du globe, comme nous allons le faire voir.

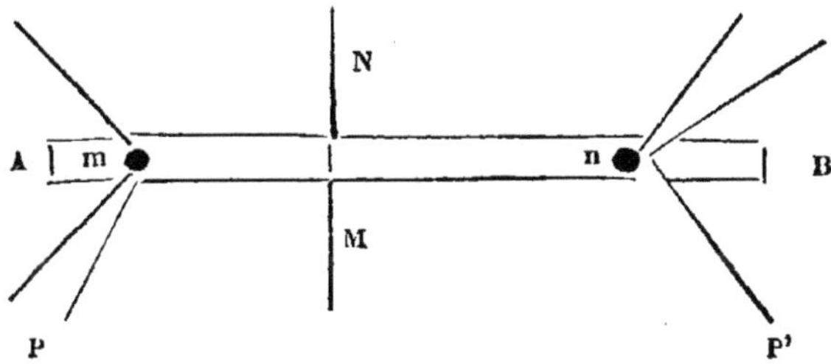

Supposons en effet un barreau aimanté AB; l'extrémité A est tournée vers le nord, et contient par conséquent du fluide austral; l'extrémité B est tournée vers le sud, et contient du fluide boréal. Considérons l'action d'un seul pôle magnétique P de la terre, qui sera ici le pôle boréal, sur deux molécules égales m et n de l'aiguille, situées de part et d'autre de la ligne moyenne MN de l'aimant. La molécule m sera évidemment attirée par le pôle P avec une certaine force dépendant de la distance à laquelle l'aiguille peut être placée, et aussi de l'intensité du fluide austral contenu dans la molécule; la molécule n sera repoussée par le même pôle P, puisqu'elle contient du fluide boréal; or, si la quantité de fluide boréal qu'elle contient est la même que celle de fluide austral contenue dans la molécule m, l'intensité de l'action du pôle P sera la même sur les deux molécules; mais puisque l'aiguille avant l'aimantation contenait deux fluides magnétiques égaux qui se dissimulaient réciproquement, ces fluides seront encore en égale quantité après l'aimantation, d'où l'on doit conclure que les intensités des deux forces sont les mêmes; elles agissent du reste en sens contraire, et comme en outre, la distance du centre d'action est très grande, relativement aux dimensions de l'aiguille, il s'en suivra que les forces pourront être regardées comme sensiblement parallèles; ainsi l'action du pôle P sur les deux molécules m et n, sera celle d'un couple qui tendra à faire tourner l'aiguille autour de son centre de suspension. Ainsi donc, quand bien même il n'existerait dans le globe qu'un seul pôle magnétique, son action serait encore la même que celle que nous observons ; il ne pourrait pas y avoir non plus mouvement de translation ; il n'y aurait qu'un mouvement de rotation.

Considérons actuellement l'action du second pôle magnétique P' de la terre : son action sera la même en sens inverse que celle du pôle P; c'est-à-dire que la molécule boréale n sera attirée et la molécule australe m repoussée. Il y aura encore ici un couple tendant à faire tourner l'aiguille autour de son centre. Si l'on compose les deux forces appliquées au point n et les deux forces appliquées au point m, les résultantes seront encore deux forces égales parallèles, et agissant en sens contraire ; ce sera encore un couple, qui tendra à faire tourner l'aiguille, et qui ne pourra produire aucun mouvement de translation.

Ainsi, lorsque nous voyons l'aiguille aimantée prendre une certaine direction, cela ne veut pas dire que les centres d'attraction et de répulsion se trouvent sur cette direction ; cela signifie seulement que telle est la situation de la résultante des différens couples.

On pourrait se demander si un aimant très-fort mis en présence de l'aiguille aimantée agirait sur cette aiguille comme le fait la terre ? Pour résoudre cette question, il suffit de voir si les attractions et les répulsions de l'aimant peuvent produire un couple ; or, c'est une chose impossible, car, dans toutes les expériences que l'on pourrait faire, l'aimant ne serait jamais à une distance assez grande de l'aiguille pour que l'on pût considérer les directions des forces comme parallèles : il y aura donc toujours translation.

Occupons-nous maintenant de ce que l'on appelle les pôles d'un aimant, relativement à l'action magnétique du globe.

Supposons une aiguille divisée par tranches parallèles; les fluides magnétiques ne seront point également distribués dans ces tranches, c'est-à-dire, qu'à des quantités de fluides égales correspondront des épaisseurs inégales dans les tranches; or, les actions des pôles sur toutes ces tranches sont des forces parallèles; si donc nous déterminons le centre de toutes ces forces parallèles, nous aurons le centre d'action ou le pôle de l'aiguille aimantée. En dernier résultat, nous considérerons toujours une aiguille aimantée soumise à l'influence du globe, comme sollicitée par deux forces égales parallèles, et agissant en sens contraire; les points d'application de ces forces seront les pôles de l'aiguille.

Dans une aiguille bien aimantée, les pôles sont environ à 18 lignes des extrémités, et la ligne idéale, que l'on peut concevoir d'un de ces pôles à l'autre et que l'on appelle *ligne des pôles*, se confond avec l'axe de figure. Mais lorsque l'aiguille n'est pas régulièrement aimantée, la position des pôles n'est plus telle que nous l'avons indiquée, et la ligne des pôles devient sensiblement différente de l'axe de figure. L'on conçoit alors que l'opération par laquelle on détermine la déclinaison de l'aiguille peut devenir fautive. En effet, cette déclinaison est mesurée par l'angle que forme le méridien terrestre du lieu avec le plan passant par la verticale de ce lieu et l'axe de figure de l'aiguille aimantée ; si donc cet axe est différent de la direction réelle de la résultante des forces magnétiques, il y aura erreur dans l'opération. Il importe d'avoir un moyen de reconnaître et de corriger cette erreur. Pour cela, il suffit de faire une double observation. La première donnera, je suppose, un angle plus petit que le véritable d'un certain nombre de degrés ; avant de procéder à la seconde, on retourne l'aiguille : il est évident que dans ce changement la ligne des pôles a dû conserver la même direction, mais que l'axe de figure a changé de position ; l'angle que l'on observera sera alors trop grand du même nombre de degrés dont il était trop petit dans la première observation; prenant une moyenne entre les deux angles, on aura la direction exacte de la résultante des forces magnétiques du globe. Cette méthode prend le nom de méthode du *retournement*.

Je vais maintenant parler de la construction des boussoles de déclinaison.

L'aiguille aimantée, convenablement équilibrée, contient en son milieu une chape en agathe par laquelle elle repose sur un pivot vertical ; elle est entourée d'un cercle gradué. Au dessous de la boite est placé un nouveau cercle gradué, appelé cercle des azimuths ; un nonius adapté à cette boite sert à marquer de combien de degrés on l'a fait tourner. Un anneau mobile est traversé par le pivot, et sert à soutenir l'aiguille aimantée lorsque l'on ne se sert point de l'instrument. Comme l'on ne connaît que fort rarement le méridien du lieu où on fait l'observation, il faudra avoir un moyen de déterminer en même temps la direction de ce méridien. A cet effet, deux montans verticaux adaptés à la boite soutiennent un axe horizontal auquel est adaptée une lunette. Un arc de cercle gradué est fixé à l'un des montans, et une aiguille perpendiculaire à la direction de la lunette indique immédiatement de combien de degrés l'axe de cette lunette s'est élevé au dessus de l'horizon; on dirige alors la lunette sur le soleil, si l'on opère dans le jour, ou sur une étoile dont on connaît la distance au méridien, si c'est pendant la nuit: la comparaison entre le cercle de la boite et celui des azimuths donnera immédiatement la déclinaison.

L'instrument est, d'ailleurs, supporté par trois pieds, auxquels sont adaptées des vis qui servent à placer l'instrument dans la position horizontale indiquée par un niveau à bulle d'air lié à l'instrument, et parallèle à la boite de la boussole.

Voilà les résultats obtenus à Paris depuis les premières observations :

En 1580, la déclinaison était orientale, et de. . . . . 11° 30'

En 1663 ou 1666 (il y a ici incertitude, à cause de l'imperfection des observations). . . . . . 0° 0'

Nota. L'accent indiquant les minutes a cette forme particulière ' et non celle-ci ᾿.

1700, déclinaison occidentale . . .	8° 10'
1750.	18° »'
1800.	20° »'
1815.	22° 30'
1825.	22° 22'
1836.	22° 04'

Ce tableau nous fait voir qu'en 1580 la déclinaison était orientale ; qu'en 1663 environ elle était nulle, et qu'à partir de cette époque, elle devint occidentale, et augmenta jusqu'en 1815, où elle fut de 22° 30' ; à compter de ce moment, elle a commencé à décroître, et elle décroît maintenant de 2 ou 3 minutes par an. Ce phénomène, dont les intensités varient avec les localités, est, comme on doit le sentir, fort difficile à expliquer. Nous verrons que cette variation dans la déclinaison n'est pas la seule qu'éprouve l'aiguille aimantée, et qu'il en est de même de son inclinaison.

La boussole d'inclinaison est composée d'une aiguille aimantée suspendue par son centre de gravité. Une des conditions les plus difficiles à remplir dans la construction de cet instrument, est la détermination exacte de ce centre de gravité ; il faut qu'avant l'aimantation l'aiguille reste parfaitement en équilibre, dans quelque position qu'elle se trouve.

Les extrémités de l'aiguille parcourent un cercle vertical gradué : tout l'appareil est soutenu par un pivot vertical mobile, traversant un second axe qui soutient un cercle horizontal fixe. Il importe, comme nous le savons, que l'aiguille soit placée dans le plan du méridien magnétique, en sorte qu'une observation de déclinaison paraîtrait devoir être nécessaire. On peut y suppléer de la manière suivante : on remarque que le couple produit par l'action magnétique du globe peut toujours se décomposer en deux autres, dont l'un est vertical, et l'autre horizontal; si l'on vient à faire tourner le plan de l'aiguille qui se trouvait d'abord confondu avec le méridien magnétique autour de l'axe perpendiculaire au plan des azimuths, on conçoit que le couple horizontal, qui se trouvait d'abord situé dans le plan de l'aiguille, va faire avec ce plan un angle qui va augmenter graduellement, à mesure que l'aiguille tournera; cet angle sera de 90° lorsque le plan de l'aiguille aura lui-même tourné de 90°; mais alors ce couple horizontal ne pourra produire aucun effet sur l'aiguille, puisqu'il est perpendiculaire au plan de cette aiguille; il n'y aura plus que le couple vertical qui servira à diriger l'aimant; cet aimant deviendra donc vertical; nous serons donc assurés que lorsque nous aurons placé le plan de l'aiguille de manière que cette aiguille se trouve verticale, ce plan sera perpendiculaire au plan du méridien magnétique; pour l'y ramener, il suffira de faire tourner le cercle vertical de 90° autour de son axe; tout se passera alors dans le plan du méridien magnétique, et l'angle de l'aiguille aimantée avec l'horizon sera l'inclinaison.

Il faut aussi pour que cette inclinaison soit exacte que l'axe de figure se confonde avec la ligne des pôles; il sera donc convenable, comme dans les observations de déclinaison, de faire usage de la méthode de retournement.

L'on pourrait, au lieu de chercher la position du plan de l'aiguille qui rend cette aiguille verticale, chercher l'azimuth pour lequel l'inclinaison est un minimum; il est évident que ce serait alors l'inclinaison cherchée; car de part et d'autre de cette position l'aiguille se rapprocherait de la verticale.

Les observations suivantes de l'inclinaison ont été faites pour Paris.

En 1671 l'inclinaison était de	75°
1750	72°
1800	69°
1815	68° 30'
1825	68°
1835	67° 30'

Ainsi, comme on le voit, l'inclinaison a été variable à Paris, mais, comme la déclinaison, dans des limites très resserrées. Cette variation est assez régulière et de trois minutes environ par année.

Outre ces variations annuelles, l'aiguille aimantée en présente encore d'autres que l'on connaît sous le nom de variations diurnes. A moins de phénomènes locaux, tels que les aurores boréales, par exemple, l'aiguille aimantée reste stationnaire à Paris depuis onze heures du soir jusqu'au lever du soleil : à cette époque le pôle austral de l'aiguille se dirige vers l'ouest; vers midi environ, ou plutôt entre midi et trois heures, il atteint le point le plus éloigné de son excursion ; il revient alors vers l'est et reprend à peu de chose près la position qu'il occupait d'abord; l'amplitude des oscillations est différente suivant les différentes époques de l'année : depuis le mois d'octobre jusqu'au mois d'avril elle est la plus petite, et d'environ cinq ou six minutes; mais du mois d'avril au mois d'octobre elle augmente sensiblement et atteint quinze à seize minutes. Le pôle austral de l'aiguille paraîtrait ainsi fuir le soleil; mais quelle peut être la cause de ce phénomène? le soleil n'agit-il pas sur l'aiguille le jour comme la nuit? et d'ailleurs, les observations que Cassini eût la patience de faire dans les caves de l'Observatoire, à quatre-vingts pieds au-dessous du sol, ont fait reconnaître que les variations diurnes avaient lieu à l'abri de toute influence de la lumière.

Quoiqu'il en soit des causes de ce phénomène, il n'est pas propre à Paris ; il a lieu sur toute la surface du globe; il augmente d'intensité lorsque l'on s'avance vers le nord, et diminue au contraire si l'on se dirige vers le sud ; les variations deviennent alors plus régulières; de l'autre côté de l'équateur magnétique les mêmes phénomènes se reproduisent en sens contraire; le pôle austral de l'aiguille se dirige alors vers l'est, aux mêmes époques où il se dirigeait vers l'ouest dans l'autre hémisphère.

L'on a aussi remarqué que dans certains lieux situés de l'autre côté de l'équateur magnétique, les variations diurnes pouvaient se répéter plusieurs fois par jour. M. Gay m'a fait part d'observations faites au Chili sur l'aiguille de déclinaison, d'où il résulterait que pendant la nuit cette aiguille reste en repos ; de sept heures à neuf elle se met en mouvement; de neuf heures à trois elle tend à revenir à sa première position, qu'elle atteint à trois heures, pour s'écarter de nouveau et y revenir encore. M. Gay ne m'a point, à la vérité, donné le sens de ces mouvemens ; mais le phénomène n'en est pas moins rigoureusement constaté.

Enfin, outre ces variations journalières que l'on mesure au moyen d'instrumens particuliers et qui doivent être plus sensibles que les boussoles ordinaires, il en existe encore d'autres beaucoup moins régulières et auxquelles on a donné le nom de *perturbations* de l'aiguille aimantée. Ces phénomènes se présentent dans les localités où de grandes catastrophes ont lieu. Certaines d'entre ces catastrophes, telles que les éruptions volcaniques, peuvent produire un effet permanent; c'est ce qui arriva à Naples, où une éruption du Vésuve altéra sensiblement la déclinaison de l'aiguille aimantée; d'autres, telles que les aurores boréales, les tremblemens de terre, peuvent produire une perturbation très remarquable, mais les effets produits ne sont que passagers, et l'aiguille aimantée revient à sa position ordinaire.

SEPTIÈME LEÇON.

30 avril 1836.

Dans la dernière leçon nous avons caractérisé par des expériences précises la nature de la force magnétique du globe. Nous avons vu que cette force ne pouvait jamais déplacer un corps magnétique ; son action se bornait à le diriger. En effet, le globe agissant sur une des extrémités de l'aiguille par attraction, sur l'autre extrémité de l'aiguille par répulsion, et ces deux forces étant parallèles égales et dirigées en sens contraire, constituaient un couple dont l'effet, nous le savons parfaitement, ne peut être de déplacer le corps, mais bien de le diriger jusqu'à ce qu'il se trouve situé dans le prolongement des forces qui composent ce couple. Nous avons ensuite essayé d'indiquer quelles variations cette force pouvait éprouver, et nous nous sommes servi dans ce but des boussoles d'inclinaison et de déclinaison. Nous avons vu que la déclinaison qui pour Paris avait été orientale, était successivement devenue nulle, puis occidentale, puis enfin tendait à diminuer d'une manière assez régulière et de trois minutes environ par an. Des phénomènes analogues ont lieu dans toutes les parties du globe ; je dis analogues, parceque le temps dans lequel ils s'opèrent pourra varier suivant la position du lieu où l'on observe. Plus tard nous verrons que non seulement la direction, mais encore l'intensité de cette force magnétique du globe, éprouve des changemens sensibles.

Parmi les changemens de direction de cette force magnétique, nous en avons distingué de deux sortes; les uns proviennent d'une cause profonde, générale : ce sont ceux que l'on observe annuellement ; les autres sont dus à des causes moins profondes, à des causes plus superficielles, si je puis m'exprimer ainsi, et sont produits par les phénomènes qui se passent dans les couches superficielles du globe ; parmi ces changemens sont ceux connus sous le nom de variations diurnes et qui paraissent avoir pour cause l'élévation de température qu'amène la présence du soleil. Parmi les variations accidentelles nous avons encore indiqué celles qui étaient constamment déterminées par la présence d'une aurore boréale, quelle que fût d'ailleurs la région dans laquelle ce phénomène se manifestait, et cela avec une telle régularité, qu'un catalogue d'observations de déclinaisons peut avec certitude rappeler par les écarts qu'il signale, l'époque de l'apparition d'une aurore boréale. Enfin, les tremblemens de terre, nous l'avons vu, donnent lieu dans l'aiguille aimantée à des variations très prononcées; les effets de ces phénomènes sur la direction de cette aiguille sont généralement passagers ; quelquefois cependant ils peuvent changer la déclinaison d'une manière constante.

Nous avons maintenant à considérer l'action du globe sur les corps magnétiques autres que les aimans.

Si nous prenons un barreau de fer, la théorie indique que le globe agissant sur lui comme un aimant, doit attirer le fluide de nom contraire et repousser celui de même nom, en sorte que rigoureusement parlant, tout corps magnétique jouissant d'une faible force coercitive, ne saurait rester indifférent à l'action du globe ; les deux fluides qu'il contient seront nécessairement décomposés. L'on conçoit en outre que l'intensité des effets produits doit dépendre de la position dans laquelle se trouvera le barreau ; si ce barreau est dirigé perpendiculairement à la direction du plan du méridien magnétique, l'un des fluides sera repoussé à la surface supérieure, l'autre fluide au contraire sera attiré à la surface inférieure, mais l'épaisseur du barreau n'étant pas fort grande, les deux fluides seront très peu éloignés l'un de l'autre, et leur action sera individuellement très faible; si au contraire on place le barreau dans le plan même du méridien magnétique, et si en outre on donne à ce barreau la direction de l'aiguille d'inclinaison, le couple terrestre aura dans cette situation le plus grand effet possible sur le fer; les fluides magnétiques seront suffisamment éloignées, lorsque la longueur du barreau sera assez considérable, et les effets produits devront se faire sentir.

Or, ce qu'indique ici la théorie, l'expérience le démontre. Prenez un barreau de fer doux et placez le dans le plan du méridien magnétique, suivant la direction de l'aiguille d'inclinaison, vous ne tarderez pas à reconnaître qu'il est aimanté, car si vous présentez ses deux extrémités à l'aiguille aimantée, l'une d'elle la repoussera et l'autre l'attirera. Pour être bien certain que le magnétisme ainsi développé est dû à l'action du globe, retournez rapidement le barreau dans le plan du méridien magnétique; si ce que nous avons énoncé est vrai, les pôles de même nature auront toujours dû rester aux mêmes points de l'espace; c'est en effet ce qui arrive, l'aiguille aimantée est attirée et repoussée de la même manière que précédemment.

Les corps magnétiques jouissant d'une faible force coercitive, deviennent donc de véritables aimans sous l'influence de l'action magnétique du globe, avec cette différence essentielle cependant que ce sont des aimans à pôles mobiles dont la position dépendra de la manière dont seront situés eux-mêmes les barreaux relativement au plan du méridien magnétique.

Or, supposez que des corps magnétiques aient été naturellement placés dans la position la plus favorable à l'action du magnétisme terrestre; supposez en outre que quelques causes particulières viennent à développer dans les corps ainsi aimantés une force coercitive qui s'opposerait à la recomposition des fluides magnétiques après leur séparation, et vous concevrez aisément la formation des nombreux aimans naturels que l'on rencontre à la surface du globe.

Cette force coercitive peut être développée de plusieurs manières, soit par des actions mécaniques, soit par des actions chimiques dont l'intensité ne sera pas assez grande pour désunir les molécules des corps. Prenez une barre de fer que vous placerez dans le plan du méridien et dans la direction de l'aiguille d'inclinaison, frappez alors l'une de ses extrémités avec un marteau, et les pôles de mobiles qu'ils étaient seront devenus fixes; retournez si vous voulez le barreau, soumettez le à une nouvelle percussion, vous trouverez que les pôles ont changé de place par ce simple choc; la force coercitive que vous avez ainsi développée n'est point du reste permanente; elle devient bientôt nulle et le barreau ne présentera plus trace de magnétisme. L'expérience se fera d'une manière plus simple et plus rigoureuse en prenant un fil de fer dont les extrémités sont fixées entre deux étaux : placez le dans la position convenable et tordez le fil un grand nombre de fois : la force coercitive ainsi développée est beaucoup plus stable que dans le cas précédent, et vous pourrez former un aimant très puissant par la réunion de plusieurs fils semblables, et serrés les uns contre les autres; mais dans toutes ces aimantations il est essentiel de ne point perdre de vue la force qui les développe, et parconséquent la position qu'il est nécessaire de donner au corps à aimanter.

Ce que produit ainsi toute action mécanique sur les corps magnétiques, les actions chimiques peuvent le produire à peu près. Prenez deux morceaux de fer que vous placerez, l'un dans le plan du méridien magnétique, l'autre perpendiculairement à ce plan, et abandonnez-les ainsi pendant quelques mois à l'action de la rouille; au bout de ce temps vous reconnaîtrez que le premier est fortement aimanté, tandis que le second ne contient aucune trace de magnétisme.

Vous concevrez, d'après ces principes généraux de l'action du globe terrestre sur les corps magnétiques, combien souvent les aimans naturels doivent se présenter à nous. Dans nos constructions, les pièces de fer placées dans une situation verticale, devront avec le temps devenir des aimans; il en sera de même de tous les outils en fer; c'est ce que vous apercevez facilement dans les forets qui servent à percer le fer, et aux extrémités desquels la limaille produite vient adhérer. Dans le sein de la terre, les mines éprouvent un travail continuel qui vient à chaque instant modifier les positions relatives des molécules, en sorte qu'un banc géologique qui ne présentait précédemment aucune trace de magnétisme, peut devenir magnétique avec le temps, s'il se développe dans sa masse quelque nouvelle action chimique. Rien ne s'oppose, par exemple, à ce que les aimans nombreux que l'on rencontre dans les montagnes de la Suède, aient eu cette origine. Ces aimans peuvent donner naissance à une multitude de déviations dans l'aiguille aimantée; c'est ce qui a été observé dernièrement à Alger où les officiers employés au relèvement des côtes, ont constaté une différence de huit ou dix degrés dans la direction de l'aiguille de la boussole.

La déviation de la boussole sur les vaisseaux est due à plusieurs causes qu'il importe de signaler, à cause de l'erreur dans laquelle elle peut induire les navigateurs; nous verrons ensuite les moyens d'y remédier.

Ces causes sont d'abord l'action de la boussole elle-même sur les pièces de fer qui entrent dans la construction du bâtiment; on remédiera à cet inconvénient, en plaçant l'aiguille dans un endroit assez isolé pour pouvoir considérer cette première cause d'erreur comme nulle. En second lieu, les pièces de fer qui se trouvent sur le bâtiment peuvent encore agir sur l'aiguille d'une autre manière; les unes seront de véritables aimans à pôles fixes qui auront reçu le magnétisme dans les ateliers, par la position dans laquelle on les aura placées, et par le travail auquel elles auront été soumises; les autres ne seront des aimans qu'à cause de l'action constante du globe : ce sont des aimans à pôles mobiles et qui sont beaucoup plus dangereux que les premiers pour la sûreté du navigateur comme nous allons le voir.

En effet, lorsque le fer est à l'état d'aimant permanent, le couple auquel il donne naissance, et qui se joint au couple terrestre pour produire la déviation de l'aiguille aimantée, était le même dans tous les points du globe; la correction de cette cause d'erreur sera facile. Mais lorsque les fers n'ont que le magnétisme développé par l'action de la terre, il devient impossible de se mettre à l'abri des irrégularités qu'ils produisent par le moyen que nous venons d'indiquer. La direction des forces change à chaque instant dans un même lieu par les simples mouvemens du vaisseau; et lorsque le navire se transporte d'un point à un autre, la variation de la direction du couple magnétique de la terre vient encore augmenter ces irrégularités; il suit de là que l'aiguille aimantée est déviée de sa direction d'une manière tellement incertaine qu'il est à peu près impossible de déterminer, même approximativement, les corrections qu'il faut lui faire subir.

On s'est beaucoup occupé dans ces derniers temps des moyens les plus efficaces de remédier à ces graves inconvéniens; la Société royale de Londres fit, de cette recherche, le sujet d'un prix que remporta M. Barlow, professeur à Woolwich; c'est l'appareil employé par lui que nous allons décrire.

Si l'on pouvait trouver un instrument qui produisît dans chaque position que prendrait le bâtiment, une déviation égale à celle causée par les fers qui se trouvent sur le vaisseau, le problème serait complètement résolu. En effet, il suffirait de faire deux observations consécutives de la boussole; l'une sans faire usage de cet instrument, l'autre en s'en servant : la différence entre les deux observations serait justement égale à la déviation produite par les masses de fer du vaisseau. Tel est le but du compensateur de M. Barlow. Il est formé de deux disques de tôle, séparés par un disque de bois, et liés l'un à l'autre par des vis disposées à quelque distance de la circonférence ; au centre est fixé perpendiculairement au plan du disque un manche en cuivre.

On commence par déterminer dans toutes les positions que prend le vaisseau en tournant sur lui-même, les déviations que les masses de fer qu'il contient font éprouver à l'aiguille aimantée ; pour cela il suffit de comparer, dans chacune de ces positions, la direction de l'aiguille aimantée du vaisseau, avec une autre aiguille aimantée placée sur le rivage et mise à l'abri de toute autre action magnétique que celle du globe ; le résultat de cette comparaison sera immédiatement donné par la différence des angles que forment d'un même côté les directions des deux aiguilles aimantées avec la ligne qui joint leurs centres.

On place ensuite l'aiguille aimantée du rivage sur une caisse en bois, que l'on peut faire tourner autour d'un axe vertical, et qui est percée sur l'une de ses faces latérales d'une suite de trous placés à différentes hauteurs, et dans lesquels peut s'engager le manche du compensateur ; par une suite de tâtonnemens plus ou moins nombreux, on cherche le trou où il faut placer cet instrument, et la quantité dont il faut faire entrer le manche dans l'intérieur de la caisse, pour qu'en la faisant tourner autour de son axe, la déviation produite sur l'aiguille de la boussole par la présence du disque de fer de l'instrument, soit exactement la même que celle produite pendant la rotation du bâtiment, par les différentes masses de fer qu'il renferme. Lorsque cette position est convenablement déterminée, on transporte, en faisant usage de repaires, la caisse parallèlement à elle-même sur le navire, et l'on y place la boussole. Faisant deux observations consécutives, avec et sans l'instrument, et retranchant de la seconde la différence entre les deux, on aura la déviation exacte de l'aiguille aimantée.

C'est ainsi que l'on parvient à corriger assez efficacement dans les boussoles marines les effets des différentes causes perturbatrices; il faut cependant remarquer que le tâtonnement par lequel on est parvenu à déterminer la position du compensateur, devra être répété lorsque le navire se trouvera éloigné du lieu où il aura été fait pour la première fois, car la position des pôles terrestres ayant changé relativement aux corps magnétiques du navire, la direction et l'intensité des forces développées aura dû varier aussi.

Après avoir indiqué d'une manière générale l'ensemble des phénomènes magnétiques, il nous reste à connaître les lois suivant lesquelles agissent les forces qui produisent ces phénomènes, c'est-à-dire, les lois des attractions et des répulsions magnétiques.

Il y a deux méthodes différentes employées pour la recherche de ces lois. La première est fondée sur la propriété que possèdent les fils métalliques de revenir à leur position d'équilibre lorsqu'ils ont éprouvé une torsion, la seconde repose sur l'isochronisme des oscillations du pendule.

Avant de parler de la première méthode, il est utile, je crois, de rappeler ici quelques principes sur lesquels repose la construction de la balance de torsion.

Imaginez un fil métallique solidement fixé dans un étau que l'on peut faire tourner de manière à entraîner le fil; à l'extrémité de ce fil, suspendez un levier à l'un des bras duquel sera attaché un poids au moyen d'un fil flexible passant sur deux poulies, l'une horizontale, l'autre verticale, de manière que le levier ne puisse que prendre un mouvement de rotation autour de son point de suspension. Si vous tournez la portion supérieure du fil, vous produirez dans ce fil une torsion qui aura pour effet de ramener l'aiguille et de faire remonter le poids; pour que cette aiguille conserve sa première position, il faudra ajouter un nouveau poids. Coulomb a trouvé, de cette façon, que les angles de torsion étaient proportionnels aux poids, ou, ce qui est la même chose, que les forces de torsion étaient proportionnelles aux angles de torsion. Si l'on fait varier la longueur dans un fil de même nature, on trouve que cette force est inversement proportionnelle à la longueur. Enfin, elle est proportionnelle à la quatrième puissance des diamètres des fils employés.

Si nous voulons appliquer ces considérations générales à la mesure de l'intensité du magnétisme dans un barreau aimanté, nous opérerons de la manière suivante :

Nous prendrons une aiguille non aimantée de même poids que celle que nous voulons éprouver, et nous la placerons dans l'étrier qui supporte le fil ; au bout de quelques instans, l'aiguille ainsi placée prendra une position fixe qui déterminera la position d'équilibre du fil, celle où il n'éprouve aucune torsion. Substituant alors à la première aiguille celle que l'on veut éprouver, en ayant soin de placer convenablement les pôles, cette dernière se placera dans le plan du méridien magnétique : tournant alors le micromètre supérieur d'un angle égal à celui que forme le plan du méridien avec le plan d'équilibre de l'aiguille, on sera assuré que le fil n'éprouve aucune torsion. Supposons maintenant que l'on écarte l'aiguille du plan du méridien magnétique d'un angle de 10°, et que l'on soit pour cela forcé de tordre le micromètre de 500° ; puisque les angles de torsion sont proportionnels aux forces qui les produisent, nous sommes assurés qu'ils faudrait tordre de 50° la portion supérieure du fil pour produire dans l'aiguille une déviation de 1° : retirant alors cette aiguille, et modifiant la quantité de magnétisme qu'elle contient, nous supposerons qu'il faille tordre le micromètre supérieur de 25°, pour amener une déviation de 1° dans l'aiguille ; nous dirons alors qu'elle renferme dans ce second cas une quantité de magnétisme moitié moindre que celle qu'elle contenait dans le premier.

Cela posé, voici comment Coulomb parvint à déterminer les lois des attractions et des répulsions magnétiques.

Il commença par chercher quelle était l'intensité de la force directrice du globe terrestre, à la distance de 1°, et il trouva qu'elle était représentée par un angle de torsion de 35°. Il fit ensuite descendre verticalement dans la cage un second barreau cylindrique très-bien aimanté, de telle façon que s'il n'y avait pas eu répulsion, le point de *recoupement* se serait trouvé à dix-huit lignes environ de leurs extrémités. L'aiguille horizontale s'écarta alors de 24° du plan du méridien magnétique; pour la ramener à une distance de 17° de cette position primitive, il fut forcé de tordre le micromètre de 3 circonférences; enfin, en lui faisant décrire 8 circonférences, l'aiguille était ramenée à une distance de 12° du plan du méridien magnétique.

L'on voit donc que dans la première expérience la force de répulsion était mesurée par 24 35° + 24° ou par 864°, pour une distance de 24°; dans la seconde expérience, cette force était de 17° × 35 + 17 + 3. circ. = 1692 pour une distance de 17°.

Enfin cette force était mesurée par 12°×35+12° + 8 circonf. = 3312° à la distance de 12°; or, ces nombres diffèrent peu des nombres 828, 1650 et 3312, qui sont inversement proportionnels aux carrés 576, 289 et 144, des distances 24, 17 et

12. L'on en conclut donc ce théorème: que les intensités des forces répulsives augmentent comme les carrés des distances diminuent: rien ne serait plus facile que d'étendre l'expérience au cas des attractions.

Ainsi les attractions magnétiques auront lieu de la même manière que les attractions électriques, et ces fluides impondérables seront régis par les mêmes lois que la matière; c'est un rapprochement du plus grand intérêt. C'est à Coulomb que l'on doit toutes ces découvertes: avant lui on ne connaissait que fort peu de choses sur les lois qui régissaient ces phénomènes.

HUITIÈME LEÇON.

3 mai 1836.

Nous avons vu dans la dernière séance de quelle manière Coulomb avait déterminé, au moyen d'expériences précises, les variations que peut éprouver un aimant dans son intensité magnétique, et comment il avait constaté que le fluide magnétique agissait comme les corps pondérables, en produisant des attractions et des répulsions inversement proportionnelles au carré de la distance.

Après avoir ainsi reconnu les quantités variables de fluide magnétique que peut présenter un même barreau dans différentes circonstances, rien n'est plus facile que de déterminer dans un même barreau aimanté la distribution du magnétisme qu'il possède. Comme, dans l'expérience précédente, la chape qui est attachée au fil de la balance de torsion soutiendra une aiguille aimantée horizontale, on fera descendre à frottement et perpendiculairement à l'aiguille d'épreuve le barreau dans lequel il s'agit de reconnaître la distribution du magnétisme, et faisant monter ou descendre le barreau que l'on essaie, on s'assurera du nombre de degrés dont il faudra tordre le micromètre supérieur de la balance pour ramener à un même point du cercle de la cage l'aiguille repoussée par le barreau vertical; comparant alors les nombres de degrés obtenus dans les différens cas, il sera facile d'en déduire les intensités diverses du magnétisme le long du barreau, puisque nous savons que les forces de torsion sont proportionnelles aux angles qu'elles produisent.

C'est par ces moyens que Coulomb est arrivé aux résultats suivans :

Il a remarqué, 1° que lorsque l'on soumet à l'expérience des barreaux dont la dimension excède six à sept pouces, la courbe, dont les ordonnées pourraient représenter les intensités magnétiques tandis que ses abscisses détermineront les points du barreau auxquels correspondent ces intensités, s'élèvera lentement, à partir du centre jusqu'aux extrémités où elle atteindra son maximum. Il a remarqué en outre que quelle que fût la dimension du barreau au-dessus de celle que nous avons indiquée, cette courbe était sensiblement la même, en sorte qu'elle paraît seulement rejetée vers les extrémités et à trois pouces de ces extrémités; quant aux parties intermédiaires du barreau, elles ne donneront qu'une élévation très faible dans ces ordonnées de la courbe; la nature de cette courbe ne peut, d'ailleurs, se définir nettement qu'en faisant usage du calcul, et nous n'en parlerons pas.

Rien de plus facile, maintenant que nous connaissons la distribution du magnétisme dans un barreau aimanté, que de déterminer exactement la position des pôles de ce barreau, par rapport au magnétisme terrestre. Supposez en effet que vous ayez divisé le barreau aimanté en une suite de tranches parallèles entr'elles et perpendiculaires à sa longueur ; au centre de figure des deux tranches situées à la même distance du centre, vous appliquerez, suivant la direction du magnétisme terrestre, deux forces égales, parallèles, dirigées en sens contraire, et dont l'intensité commune sera représentée par l'ordonnée de la courbe, correspondant à l'élément que l'on considère; effectuant la même opération pour chacun des élémens, vous aurez pour chaque côté du barreau une suite de forces parallèles dont le centre sera justement le point d'application de la résultante magnétique ou le pôle de l'aimant. Ces pôles se trouvent toujours situés à dix-huit lignes environ des extrémités, lorsque l'on se sert de barreaux d'une dimension de six pouces ou au-dessous. Si l'on expérimente sur des barreaux qui n'aient que deux ou trois pouces, la courbe des intensités est alors sensiblement différente, et par suite, la position des pôles doit nécessairement changer, c'est en effet ce qui arrive ; toujours, dans de pareilles aiguilles, les pôles se trouvent situés au tiers de la distance du centre, à l'extrémité ou au sixième de la distance totale; c'est une loi générale dont on ne s'écarte jamais ; et qui fait voir que dans ces barreaux de petites dimensions, la courbe des intensités diffère en passant d'un barreau à un autre.

Il me reste à vous entretenir maintenant du second moyen dont on peut se servir pour découvrir les lois que suivent les actions du magnétisme.

Ce moyen, aussi simple que celui de la balance de torsion, et aussi rigoureux que lui, est peut-être plus commode et plus facile dans l'usage; il se base sur la propriété qu'a l'aiguille magnétique sollicitée par le globe de revenir dans sa position d'équilibre par une suite d'oscillations faciles à observer, lorsqu'on l'a écartée de cette position; et nous proposerons de résoudre, par ce moyen, les trois problèmes précédens, dont nous répétons ici l'énoncé.

1° Etant donné un aimant, reconnaître l'intensité de son magnétisme ou sa force;

2° Déterminer les lois des attractions et des répulsions électriques;

3° Etant donné un aimant, déterminer la distribution du magnétisme dans cet aimant.

Nous savons que si l'on suspend un corps grave à l'extrémité d'un fil, ce fil, en vertu de l'action de la pesanteur, prendra une direction verticale; si on l'en écarte, il tendra à y revenir par une suite d'oscillations plus ou moins grandes, suivant l'angle dont on a écarté primitivement le fil de la verticale; mais quel que soit du reste cet angle, il arrive toujours que le temps d'une oscillation est constamment le même, en sorte que l'augmentation de la vitesse compensera l'accroissement de l'espace à parcourir. Or, supposons actuellement, qu'au lieu de former ainsi un pendule dont les mouvemens soient produits par l'action de la pesanteur, nous suspendions sur un pivot une aiguille aimantée parfaitement horizontale ; écartons cette aiguille du plan du méridien magnétique, l'action magnétique du globe tendra à l'y ramener avec une certaine vitesse ; revenu dans sa position primitive d'équilibre, l'aiguille la dépassera en vertu de sa vitesse acquise d'une quantité égale à celle dont on l'avait écartée d'abord, et continuant ainsi son mouvement, elle pourra osciller pendant plusieurs heures. Une pareille aiguille, nous le voyons, constituera un véritable pendule magnétique. Les mêmes effets auraient lieu, si l'on pouvait parvenir à isoler les deux parties de l'aiguille. Si ces deux parties sont parfaitement égales, quant à la quantité de magnétisme qu'elles possèdent, et quant à la distribution de ce magnétisme, le mouvement aura alors lieu comme si les deux parties étaient isolées. Mais si les deux moitiés sont inégalement aimentées, il en résultera un mouvement moyen, un mouvement intermédiaire entre celui que prendrait séparément chacune des deux parties de l'aiguille, et l'on aura alors un pendule composé. Mais quelle que soit d'ailleurs l'espèce de ce pendule, il n'en arrivera pas moins que la durée des oscillations sera cônstante, en sorte qu'il existera un rapport constant entre les intensités des forces et le nombre des oscillations que ces forces produisent pendant un même temps ;

www.ingramcontent.com/pod-product-compliance
Ingram Content Group UK Ltd.
Pitfield, Milton Keynes, MK11 3LW, UK
UKHW020930180726
13838UKWH00002B/853